图解

# 我的第一本心理学

洪震宇（Ryan）◎著

中国法制出版社
CHINA LEGAL PUBLISHING HOUSE

# 序言

## 心理学与我

我现在在职场上的角色，是企业训练讲师、职业生涯教练（NLP 教练 / ICF ACC）、二级心理咨询师，也是美国认证催眠师暨催眠训练导师。当我要制定下一个为之奉献一生的目标时，心中浮现的是“帮助他人人生幸福发展”的助人者，也期许自己能成为一个有所贡献的心理学家。

我喜欢帮助人们，让他们在工作与生活中发挥出更大的潜力与价值。而我采用的方式则是教育培训、担任职业生涯教练和进行个人疗愈。

很庆幸当初在大学本科的时候，选择的是心理系。一方面，因为对读理工的我来说，化学、物理、数学这几科大概都是比较艰涩的内容，很难跟它们打交道。而另一方面，更是因为心理学为我开了一扇了解自己的门。

十七八岁年少彷徨的我，对自己并不了解，只能感受到内心有许多纠结。想通过参加社团来磨炼自己的口才和能力，于是参加了讲演社、合唱团和英语研究社。说实话，我已经忘了，当时一紧张就会说话打结的我，到底打过几场辩论赛，又是怎么走过来的。到了高三要面对高考时，回顾之前的日子，又无法完全放下前面的这些觉得生命不够精彩的遗憾，于是更难静下心来，成绩也从中段一直往后落。直到高考前，都只希望能逼自己尽量多看一点书，然后赶快考完，赶快解脱，期待进入大学后的海阔天空。高中的毕业纪念册，我一直都记得，上面写着：“回首，有风有雨亦有晴，总是蹉跎，惆怅；尔后，天宽地阔，天地任我遨游，惬意。”

高中对我来说，是一段屡挫屡战、再战再挫的过程。

而为这整个过程再加入一笔抹不去的哀伤的，是高三那年寒假的农历新年，忘了大年初几，母亲突然身体不舒服挂急诊。因为担心影响我高考，父亲并没有说得很清楚，只说是肠胃不好需要开刀。直到我高三毕业典礼的晚上，因为高考后的暑假我想要参加营队，与父亲起了争执，才知道妈妈罹患的是大肠癌，从开刀完到当时，已经持续电疗及化疗好几个月。我的世界突然坍塌。

高中唯一庆幸的，大概就是因缘巧合和学校辅导室谢芬兰老师的接触，开启我探索和了解自己的大门。因为有她温暖的陪伴，我在不断找寻答案却又遍寻不得的担忧失措中，能有继续往前的力量。也因为这种被陪伴的感觉是如此带给我力量，我在大学选专业时，选择了心理专业。

当时家中长辈们都希望我重考，但我自己知道，重考不会变好，只会更糟。而妈妈也在我 18 岁，大一即将入学前的暑假离开人世。就在这样的内外交煎下，我开始了期待已久的大学生涯——我的心理学之路也正式开始。

那是一段让我现在想起来都相当怀念的岁月。有一股很强烈想让自己更好的内在动力，在我的血液中翻腾，让我鼓起勇气往前冲，想要冲撞出属于自己的那条路。让我从青涩、害羞、看到女孩子会脸红的青年，慢慢经过各种活动的洗礼跌跌撞撞，渐渐开始变成成熟的大人。

因为心理学的训练，我慢慢对自己有更多了解、更多察觉，心理学陪伴我走过了哀伤的日子。多了检视与改变自己的机会，我的内心也渐渐变得开朗。可以说，心理学对我有很大的帮助，让我变得不一样。

读书期间，我不算是用功的学生，但我喜欢课后和系里老师们讨论问题，从自己生活中的经验、困扰出发，去验证心理学的一些理论，而这些是让我收获最多的地方。

我一直觉得，心理学应该能更容易被接近，进而帮助更多人变得幸福快乐，这才是它存在的意义与价值，也是我一直努力的方向。

现在的我，已经累积了很多年的企业培训经验，能很自在地和众多企业同人分享一点小小的心得；也享受着在一对一教练谈话中，帮助来访者觉察盲点与改变自己。每当发现其中有些人的障碍是源自潜意识时，运用催眠方法与架构来协助疗愈，更让我看到潜意识的奥妙与重要性。心理学有很多好方法，希望能让更多有需要的人得到帮助。

《我的第一本图解心理学》是我的第一本著作，为了能使它深入浅出并且很实用，从大女儿还在太太肚子里到她两岁六个月，我写了三年光阴。谢谢太太在写作过程中的包容和支持。

很开心这本书在台湾地区和马来西亚等地都有很好的回响，尤其在2016年登上年度畅销排行榜。期待在大陆，也同样能创造佳绩，让更多人喜欢并活用心理学。

一路走来，我有太多想感谢的人，因为有你们，才有今天的我。

谢谢桂芳、桂月两位阿姨从小的疼爱，谢谢所有家族长辈的照顾爱护，谢谢所有启发我的师长，谢谢一路支持与陪伴我的好友与事业伙伴。

谢谢我的佛学启蒙恩师李善单导师对我在佛学与生活智慧方面的引导！

谢谢丛桂老师、蕙瑛老师、芬兰老师、田林老师，有你们的鼓励和支持真好！

谢谢董事长侯文咏大哥和总经理蔡康永大哥，当初在oke网站营运部，让我在电子商务、采购洽谈、网页产品企划、进销存等方面学到了很多经验。一直记得侯大哥为了完善整个系统，花了无数个日夜研究的精神，也一直对康永哥的诙谐创意、妙语如珠印象深刻。谢谢你们在多年后为我的新书联名推荐。

谨以此书献给我的父亲洪惠仁、母亲郭贵美和郭桂芳、郭桂月两位阿姨。

谢谢所有曾陪伴、支持与提携我的人。

希望心理学的有趣、有用，能裨益您的工作、生活与人生。

祝福所有读者朋友，愿喜乐、平安、幸福、光明、圆满、善意常伴随大家左右。书中难免有疏漏之处，欢迎读者朋友们跟我沟通（我的微信：ryanhung417），我们一起进步。

2019年10月31日写于台北

Ryan 洪震宇

# 目录 Contents

## 第一章 知己解彼的社会心理学

# 第二章

## 发展心理学与人生地图

# 第三章

## 认知心理学与感知心理学

# 第四章

## 积极正向的职场心理学

# 第五章

# 迈向圆满人生的助人心理学

# 第一章

# 知己解彼的社会心理学

**社会心理学**主要是**探讨我们每个人的想法、感觉、情绪、行为等，是怎样被其他人影响的。**

这里所谓的其他人，可以是家人、密友，再往外延伸到不同的朋友群、社群（同学会、同乡会、粉丝团等）、团体组织（公司、部门、志愿者群），甚至扩大到整个社会大众（快闪族、疯迷某种东西、口号或食物的群体之类）。

社会心理学探讨和关心的主题很广泛，如人际关系、沟通、冲突、偏见、两性爱情、伴侣亲密关系、利他行为、团体相处、个人领导力、社会现象、潮流趋势等，都是与我们日常生活息息相关的内容，也会影响到我们每天是否幸福。所以从很多人关心的**怎样让人印象深刻、如何有效沟通、冲突如何化解，到更了解自己和自己扮演的角色、职场中同事相处或主管与部属互动的状态、社会事件、媒体现象等，都是社会心理学会研究的范围。**

# 第一节
# 行动力不够，源于信心不足

## 强大的基模影响力

你是否有过类似下面的经验？

**"明明知道考试很重要，但总是拖到最后一刻才准备。"**

**"很喜欢一位异性朋友，但一直没有将想法化为行动。"**

**"当主管交办艰巨的任务时，第一时间就是眉头紧锁，想到很多难处。"**

**"抱怨现在的工作不理想，却迟迟没有开始寻找新的工作机会。"**

**"想要创业，却犹豫再三，裹足不前。"**

**"有件事明明很重要，却一直没有付诸行动。"**

……

在上面这些例子里，我们都会很直接地对事件产生既定的想法或态度，**这些都是我们对于事件的"基模"**，每个人的"基模"都不同。

**"基模"是对某个概念（或某件事）的一整套完整的态度、想法。**就像一提到"逛夜市"，有人就会想到各种好吃的小吃，还有很多摊贩，包括游戏摊、服饰摊或饰品摊。还有人可能会想到"不卫生"，或者想起某几个经常去逛的夜市。每个人的脑海中对于"逛夜市"这个概念，会因为个人经验的不同，而联想到不同的"内容"。这些内容，就是我们对"逛夜市”的基模。

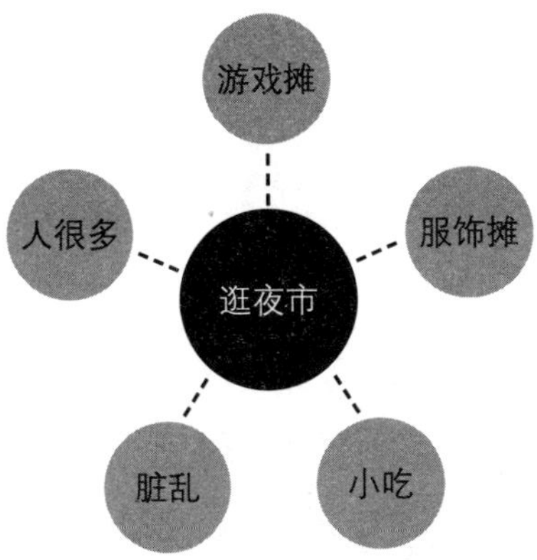


▶ 逛夜市的基模

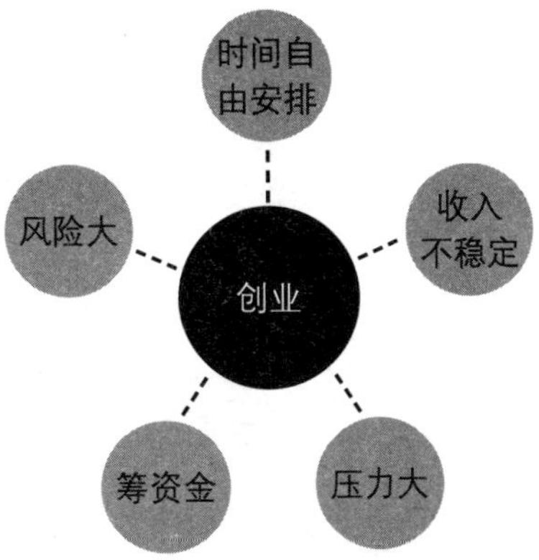


▶ 创业的基模

生活上的每件事都可以有基模，“看电影”“运动”“家族聚会”……只要一提到某件事，你会直接联想到的内容，都算是基模。

当我们**想到自己时，也会对自己产生各种看法。我们从哪些角度来看待或形容自己，都会构成“自我基模（self-schemas）”**。这些对自己的看法，都是我们从小到大乃至进入职场工作后，不断累积产生的。尤其是在对自己很重要的事情上，更会形成基模。比如，很在意自己是否独立自主的人，就不会凡事都依赖别人帮忙；很在意人际关系和谐的人，比较不容易和人发生冲突；很在意收入的人，就不太愿意接受有发展潜力却薪资很低的工作。

同样的，我们对自己的个性和各种能力，也都会从小累积出既定的看法和基模。**基模的影响力十分强大，促使我们对事情产生直接的本能反应，却还茫然不自知。**因此，我们必须培养充分的觉察力，客观地检视自己对每件事情的基模，以减少基模的影响力，接下来的章节会再做讨论。

▶ 检视自己的生活态度和行为模式，看看有哪些“自我基模”。

我们**实际**的样子（真实我）和**理想中**想要成为的样子（理想我），有时候会有差距，这些自我差距（self-discrepancies）会使我们产生对自己失望、不满意或沮丧的强烈情绪，进而影响到日常的生活。

未来的我们可能会有的一些特质，则称为**可能我**（possible selves）。“可能我”与一个人未来想要达成的目标或想要成为的角色有关，如一个小学生希望自己未来可以做一名设计师；一个职场新人希望自己以后可以成为经理或总经理。通常我们会从比较正向的角度来想象未来的自己，但有时也会有些负面的担忧。

## 结果期待与效能期待

既然如此，我们该如何看待未来理想的自己、如何设定目标呢？对于自己期望能完成的目标，能很坚定地“**相信自己一定能达成**”，这种对自己的预期心理就叫作“自我效能（Self-Efficacy）”，也就是**相信自己可以有效地达成**这些目标。其中有两个关键的因素，分别为“结果期待”与“效能期待”。

**结果期待**就是我们对于做哪些事情可以完成目标的预期。例如，每天运动一小时，持续一个月，可以瘦三公斤；或每天听半小时英语教学节目，持续半年，可以增强英语能力。这是我们对于在“要瘦身”和“提高英语水平”这两件事上，需要付出哪些努力就能产生结果的“结果期待”。

而**效能期待**是指我们对自己能不能真的执行这些努力的预期想法。有的人对每天运动一小时、持续一个月，或每天听半小时英语节目、持续半年，觉得有信心完成，那他的效能期待就是高的。若这个人缺乏对自己能做到这些要求的信心（低效能期待），那即使结果（对目标的结果期待）再有吸引力，他还是会缺乏行动力。

让我们迟迟无法采取行动，或者不能坚持到底的原因，**主要在于我们内心对自己“是不是真正有能力完成这项工作”没有信心。**

▶ 对于“一个月瘦三公斤”这样的“结果期待”，“高效能期待者”与“低效能期待者”，付诸的行动是不一样的。

## 理想我与真实我为何有落差？

当我们预期自己有能力可以完成一件事时，会快速进入状态，且活力十足，即使过程中会遇到阻碍，也能很有信心地克服。

但是如果我们一开始就没信心，或表面有信心但潜意识里没信心，就可能会影响到行动力，造成拖延、没有动力，或是虎头蛇尾，每次都有始无终。**我们常常只看到表面现象，觉得自己不够努力，其实背后最重要的深层原因，是根源于我们对这件事情缺乏信心。**

至于为何会有信心或没信心，就是受到对该事件的“基模”影响。例如，学游泳，有的人很快就能上手，有的人却抓不到诀窍；学不会的人，几次之后，心中大概就会觉得自己不可能学会，以后听到要学游泳，大概也不会太积极（想到“学游泳”这件事的基模）。可是如果他学乐器速度很快，当之后有机会学习新乐器时，就比较有信心和兴趣去学（想到“学乐器”这件事的基模）。所以**每个人过去在不同领域里成功或失败的经验，都会对他以后要进行特定事情的信心程度造成影响。**在很多领域的经验都是成功的，自然在面对新挑战时能充满信心；在很多领域都受挫，信心当然就不足。

遇到类似情况时，可进行下面的“自我成长练习”，持续锻炼自己，为自己累积更多成功经验。

**自我成长练习**

### 利用“目标拆解法”增强信心

该如何加强自己的信心呢？我们可以用“目标拆解法”。就是将一个很大的目标，拆解成很多个小目标的组合，然后先从一个比较小、比较容易达成的目标开始努力，这样才能**产生“自己可以完成”的效能期待**，每次完成一个目标，就会增加一些自信。甚至可以将大目标拆解成“每天”的目标，这样每天完成目标之后，都会产生“今天全部完成”的成就感和满足感。经过一段时间，每天完成的小目标就可以累积成大的成功（大目标完成），对该领域的信心便会提升。

然后，再挑另一个领域，还是从简单的小目标开始，逐步累积到较困难的大目标，几次下来，就能为自己建立范围更广的信心。万丈高楼平地起，就是这个道理。

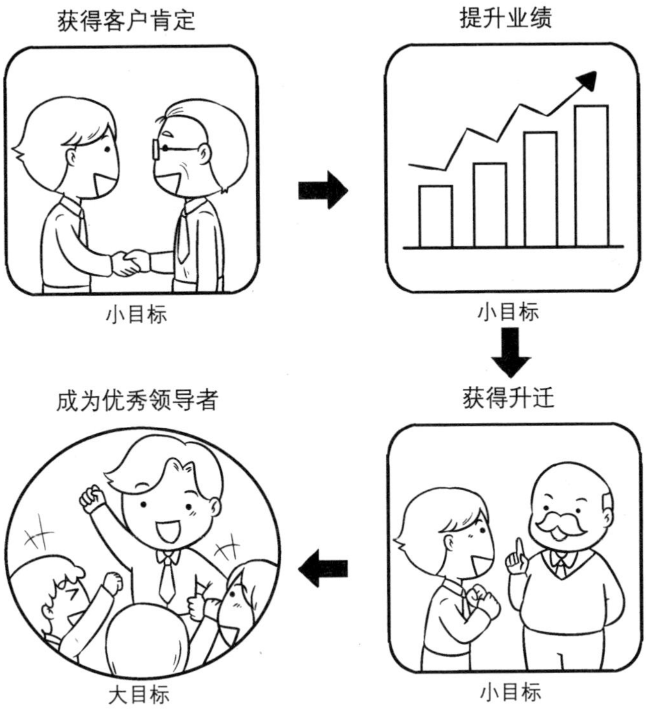


▶ 把大目标拆解成小目标，逐步达成。

# 第二节
# 心想事成的自我预言实现法

大家应该都有这样的经验，每次新年许愿、生日许愿，或设定一个新的目标，到最后不一定都能完成。推究原因往往会发现，完成目标的过程中有很多干扰因素，有些是外在干扰，有些是内在干扰。**为了达成心中的目标，我们要做的就是排除干扰**（这也是职业生涯教练在做的事，协助访谈者排除干扰，实现目标）。

排除干扰的方法不少，而本单元要谈的，就是**排除负面脚本和错误归因对我们的干扰**，以及善用自我预言实现来灌输正向想法与能量，让自己心想事成。

## 盘点你的脚本，觉察、降低与转化负面脚本影响力

所谓**脚本（script）**，是一整套包含特定情境或事件的基模，代表**前后有因果关系的一套行为模式。就像戏剧里的剧本一样，每个剧本都有特定的情境**，包含主角、配角、一个主题、连续的事件发展、演员角色的固定行为反应模式和特定结局。

脚本的形成，有些来自成长过程中，受到父母、家人、师长、朋友，或身边环境、文化的影响，自己会将生活中重要事件的经验做成结论。但有时因为年纪小，所以对真正发生的事情可能不够了解，而产生错误的解读。例如，有人小时候看到父母花钱时，都很小心翼翼、斤斤计较，有可

能就会形成一种“我们家没有钱，花钱要很谨慎”的脚本，在这种脚本的影响下，即使日后家里变得比较富有，他的心里也始终觉得家里没有钱。

**文化脚本**是指受**“文化”影响而产生的一套剧本，包括生活方式、价值信念，也有预期的角色性格，或有吃苦的、自由的、创新的、懒惰的等各种不同的文化脚本。**

比如，中华文化中过年要围炉、包红包、说吉祥话，或是一年内的节气庆典该怎么过，端午吃粽子、中秋赏月吃月饼，又或是男性与女性在家庭中被期待的角色分工等，都是大多数人所信任和遵守的约定规范。

中国人的吃苦精神、美国人的开拓精神都是各自的文化脚本，在该文化下生长，难免会受到一定的影响。

随着时代变迁，每一代的成长过程中都会经历不同的大环境，也会产生新的脚本主题。

当一个文化扩大，或过于多元、繁复时，就会有**次文化脚本**产生。**往往和族群、地理位置、宗教信仰、性别、年龄、教育水准等因素有关。**

面对文化或次文化脚本间的差异，需要具有**包容、理解、谅解、同理、共好、尊重、聚焦未来**等思想，才有**真正共存**的可能。

**家庭脚本**则包含文化脚本以及家庭中发展出的独特性格、传统或期望。比如，有人说自己家是医学世家、书香世家、政治世家、商业世家；又或者他们家的男人最大男子主义、老大要让着弟弟妹妹、吃饭不能讲话、家中的各种仪式和习惯、家里的氛围、对很多事情的看法等。**家家有本自己念的经，**就是每家的家庭脚本。

比如，有些人小时候也许遭受过父母的过度辱骂、责打，将痛苦的经验深植心中，即使已经长大成人，心中仍有许多挥之不去的苦痛。这些儿时经验，的确影响着很多人的价值观、信念、感觉和行为模式。

不管是因为过往的情绪创伤、文化积淀，还是在家庭或社会中受到的待遇，上述种种影响最终都会形成**个人的心理脚本，**让我们不自觉地在**价值观、信念、感觉和行为模式等方面**受到影响，照着**特定的剧本（模式和行为）来生活**与**反应**。

也有可能因为某些事件的影响太强烈，当事人虽然很清楚事情的过程，却仍然深受影响。比如，女孩子谈恋爱时，遇到的好几任男朋友刚好都很花心，有可能就会形成一整套关于“男人都不是好东西”的脚本，遇到下一个人时，也就比较不容易投入感情。再如，有人曾经在人际关系上受伤，从而形成“周围的人都会伤害我”的脚本。

脚本对我们的影响，既有正面的也有负面的。若这些重复而持续的行为模式带来反效果，或造成失败，就会变成**负面脚本**；如果是具有正面意义的行为，就是**正面脚本**。

不论正面或负面，脚本的影响力都无处不在。通常负面信息比正面信息更容易引起人们注意，所以负面资讯的影响力也相对较大。曾有心理学研究提到，**需要五个正向信息，才能抵消一个负向信息的威力。**因此，保留正面脚本、厘清自己的负面脚本、排除负面脚本的干扰，能帮助我们在日常工作和生活中，活得更加开心、自在。厘清的方式有很多，包含**重写脚本**（让自己用新的经验和角度来写）、**观摩他人的脚本故事**（了解故事可以有不同的结果）等，这些方法也会在第五章的叙事治疗介绍中提供给大家作为参考。

## “归因理论”让我们了解行为背后的原因

不知道你有没有这样的经验，看到两个同事在茶水间好像很神秘地在说话，也许你忍不住会感到好奇，他们到底在说什么？或者是觉得另一半最近怪怪的，好像有点心不在焉，不知道怎么了？

我们在生活中会很自然地受到两种强烈动机的影响，一个是**想弄清楚这个世界发生了什么事，**另一个是**希望周围的世界在自己的掌握中运作。**我们对于生活中经历的每件事，都会很自然地去寻找背后的原因，不管是微不足道的小事情，或是一些意料之外、不同寻常的事情，甚至是那些苦恼、痛苦、不确定或不愉快的事，当然也可能是一些成功、开心、满足的事。**我们怎么解释这些事情，也会影响自己的感觉、态度和行为。**

| 脚本<br>（特定情境剧本） | 归因<br>（心中的解释） | 感觉 | 产生的行为<br>（结果） |
|---|---|---|---|
| Ⓐ“奸诈小人”脚本 | 觉得是在说我坏话 | 心情不好 | · 脸色难看<br>· 特别注意同事、针锋相对 |
| Ⓑ“闺中密友”脚本 | 只是在说她们自己的秘密 | 感到好奇 | · 想偷听或探听<br>· 特别注意同事和别人的互动 |
| Ⓒ“大伙同乐”脚本 | 可能在谈论某些有趣的事 | 觉得开心、有趣 | · 想凑热闹，参与其中<br>· 找人一起来听 |

▶ 看到两个同事在偷偷说话时，A、B、C三人心中可能会出现不同的脚本，进而做出不同的行为反应。

通常我们会从几个方向来归咎事情的原因，**第一种是内在归因（internal attributions）与外在归因（external attributions）**。**内在归因**指的是将原因归咎于**跟自己有关的种种因素**，如心情、个性、习惯、能力、喜好等；**外在归因**指的是将原因归咎于跟自己无关的**各种外在影响因素**，如环境、他人压力、社会情境等。

当你邀请心仪的女生出游却被拒绝时，你可能会推测拒绝的原因是她心情不好（**外在归因**）、她不喜欢你（**内在归因**）；又或者你知道她是因为父母规定晚上不能和男生出游（**外在归因**），或现在天气冷所以懒得外出（**外在归因**）。根据不同的解读方式，也会产生不同的回应方式。

**第二种影响因素是时间上的长久稳定度**，也就是持不持久。不管是内在因素还是外在因素，对我们的影响都可以分成**长期**或**短期**影响。例如，父母规定女孩子成年之前，晚上不能超过十点回家（**外在长期稳定因素**），或是父母说最近治安不好，要早点回家（**外在短期不稳定因素**）。

**第三种影响因素是可控制性**。有些影响我们的原因是可控制的，如有人说他的成功来自多年的努力（**"努力"是属于内在且可控的**），有些则不可控制，如有人说成功是来自运气（**"运气"是属于外在不稳定，且不可控的**）。

所以，要了解一个人，可以从注意他是因为自己的内在个性特质才做某事，还是因为外在情境而不得不如此。比如，有的人明明比较内向，但是因为担任业务工作而不得不外向，如果只看到他的外向表现，就不一定能判断出他的真实个性。

但是假如这个工作明明需要外向特质（一般对这个角色的期望），他却表现得很内向，那表示他的个性应该真的是内向的。又或者你对这个朋友很熟悉，知道他一向很有礼貌，如果有一天他在某个场合表现失常，你会倾向于解释他应该是受到了某项外在因素的影响。

心理学中有个理论谈到，**当乐观的人遇到好事情时，往往会将原因归于自己（内在归因，如自己的努力），而且是长久稳定的（如因为个性很坚定，或人缘很好这类不易变化的个人性格特色）**，所以能不断遇到好的事情。而**悲观的人遇到好事情时，往往会用外在因素来解释（如运气好、靠别人帮忙），并且认为是短暂的（只是这次啦，下次就不一定了）**。

当事情让你感到沮丧或受挫时，试着问自己："我从什么角度来看这件事，是外在归因还是内在归因呢？是长久稳定的还是短期的影响呢？可不可以控制呢？如果换一个角度看，会不会不一样？"

当我们这样想时，通常就可以开启另外的思考路径，走出当前的困境。（可参阅第五章）。

## 善用自我预言实现与皮格马利翁效应，创造"心想事成"的境界

心理学中有个所谓的**"自我预言实现"**（self-fulfilling prophecy），又称"自证预言"，意思是一个人对自己的期望（或别人对自己的期望），通常会在自己以后的行为中得到验证。这个期望就像一种**心理暗示**，既可以是正面的，也可以是负面的。若你**越在意**某个说法，**受到的影响就越深**；反之，如果只是随意听听，就不会受影响。比如，一个人听到算命师说："你以后要在外地工作才会有发展"，结果当他在本地工作不顺时，就跑到外地找工作，当他经过努力而成功后，就会觉得算命师的话很准。又或者有一个创业家，在心中深信自己经过努力能闯出一片天地，因为这样的信念，即使面对辛苦的过程，还是咬牙坚持，最后真的成就了一番事业。这两个例子就是在告诉

我们，**内在信念的影响力是很大的**。

在美国曾经有人做过一个实验，研究人员找到一批小学生，先测试他们的个别智力，再随机抽出 20% 当成实验组，对老师说这批实验组学生是“优等生”。一年后，研究人员再次为这些实验组学生测智力，发现他们智商的平均增长率明显高于其他学生。为什么会这样呢？由于老师们对被认为是“优等儿童”的学生特别照顾，让这批实验组学生从老师的特别关怀、鼓励和重视中，增强了自信、刺激了学习动机，从而加快了成长速度。

▶ 若我们不断地在心中建立**好的想法**、**好的基模**和**脚本故事**，自然会产生**好的情绪感受**，也会有**好的行动**，进而创造**好的结果**。

这就是**“皮格马利翁效应”**（Pygmalion effect），**指的是如果我们对某些人期望越高，通常他们的表现就会越好**。这跟正向的自我预言实现很类似。最重要的是，一个人如果能得到鼓励和认同，即使原本平庸，也可以有突出的成就。可是如果一开始就认定自己会失败，通常结果就真的会失败。之所以叫“皮格马利翁效应”，是因为在希腊神话中，塞浦路斯（Cyprus）的国王皮格马利翁，相当热爱雕刻，他花了毕生心血雕成一个少女像，将其命名为伽拉泰亚（Galatea），并视她为梦中情人，日夜盼望她能变成真人。他真挚的感情，感动了爱神阿佛洛狄忒（Aphrodite），她为雕像赋予生命，让石雕少女化成真人，成为皮格马利翁的皇后。因此，皮格马利翁代表着“精诚所至，金石为开”的信念与坚持。

这也符合时下大家耳熟能详的吸引力法则，以及量子物理中的弦能量理论的观点，就是万物（大到星际宇宙，小到原子、电子、夸克等粒子）都是由基本的能量弦线所组成，各种基本粒子间的差异，只是弦线抖动的方式和形状不同，而这些弦线所产生的**振动频率**，会吸引相同共振频率的人、事、物。也就是你怎么想，特别是怎么感觉（情绪上的感觉），就会创造出怎样的共振频率磁场，也就会产生怎样的结果。

笔者想邀请大家一起，通过排除外在干扰、重新改写脚本故事，在心中建立好的想法、拥有好的情绪感受，化为行动，让自己心想事成！

Note

# 第三节
# 如何建立亲和感，让人对你印象深刻？

## 找出你的特点，善用首因效应与近因效应建立好印象

回想一下，当你在聚会活动中，遇到陌生人时，会有什么反应？通常，我们会从对方的外观、穿着、言行举止等线索，很自然地建立对他的印象、推断他的性格，以及产生直觉反应——喜欢或不喜欢他。

关于“印象的建立”，可以参考下面这些原则：

首先，人们通常依据很少的线索（特质）就快速建立对他人的印象，而且会持续用这种模糊笼统的特质来看待他人，这叫**“首因效应”**。也就是一旦别人对你有一种初步印象，他就会倾向继续这样“看待”你，会在后续和你相处的过程中，去注意那些和他原本对你的初始印象有关的信息（因为信息过多，没办法全都接收）。所以，自我介绍时，同样是说自己的优点和缺点，**先说优点和强项，让人建立对你的好印象**，后面的小缺陷就没有太大关系了。如果先说缺点，再说优点，会让人将注意力停留在你的缺点上。

相较于首因效应，还有一种是**“近因效应”**，就是在一连串的资讯中，我们更容易记得最后面的信息。实验显示，认知复杂度低（想法较单纯、

主观或批判）的人，比较倾向两极化来看人，不是“好”就是“坏”，也比较容易受到近因效应影响。认知复杂度较高（较弹性、能接受各种变化）的人，则较容易受首因效应影响。所以，假设你要说自己的缺点，就放在中间吧！前与后都说自己的优点，能让自己的特色比较容易被记住！

其次，我们不太会注意到每一个线索，只会注意现场最明显的特征或人物，这叫**“主题—背景原则”**。换句话说，**在一个场合中（背景），只有有特色的人或事（主题）才容易被记住**。而且通常比较凸显的人会被认为在该场合较有影响力。另外，有些特质是“核心特质”，会和很多其他特质被联想在一起，如“温暖—冷淡”这一组形容词，会对整体印象造成很大的差异。如果别人一开始就觉得你是温暖、热情、亲切的，你几乎很自然就会获得好评；而如果别人一开始觉得你很冷漠或没有人情味，后续就容易对你有不好的印象。所以，**谈正事之前，先闲话家常建立关系**，还是很有必要的。

最后，在短暂接触的过程中，因为时间有限，我们会习惯用过往的经验（基模）将人归类，比如，A 是理财专员、B 是小学老师、C 是大公司经理，我们很自然就会将过往对这一类人印象中的特质，加诸在 ABC 三个人身上，即使他们并没有这些特质，这就是所谓的**刻板印象（stereotype）**。提到和日本公司打交道的业务人员，往往会想到需要交际应酬、招呼日本来客。这样的印象，有时候是对的，会让我们第一时间不用思考就能迅速判断该如何和他相处，但并不完全适用于所有的日本业务人员。所以，从你的背景中，找到一个可以让人第一时间将你纳入，而对你产生好印象的正向特质类别，可以让人对你的第一印象加分。

▶ 凸显自己的优势，给人留下良好的第一印象。

## “晕轮效应”让你欣赏一个人，就会肯定他的全部

我们对一个人的印象，是从他呈现出来的所有信息（条件、特质、个性等）中，组合成一个整体的印象感觉。有些特质是正面的、有些是负面的，而有些我们特别在意的特质，就会给这个人的评价比较重的加权。正分和负分平均之后，会得到一个平均分数，就成为我们对这个人的**整合印象**，这是对整体印象的**加权平均模式**。

在第一印象中，最重要的影响要素是：评价（好或坏），就是你**喜不喜欢这个人**。通常我们在评论他人时，会倾向给他稳定一致的评价，也就是说，如果你喜欢这个人，你就会连带欣赏他其他的特质，好像这个人周围就围绕着一圈正向的氛围，这就叫**晕轮效应（halo effect）**。相反的，**你如果不喜欢一个人，觉得他“不好”，就比较容易看到他的负面特质**。

## 人们喜欢那些和自己相像的人

如何让人在和你相处的过程中喜欢你，是一件很重要的事。**要让他人喜欢我们，最重要的是从建立亲和感开始。人们喜欢那些和自己相像的人。**所谓的像自己，既可以是指关系亲近，如很多业务人员会挂在嘴边的，同学、同事、同好、同乡、同社群、同社区、同姓宗亲等。也可以是个人外观、身体姿势、动作节奏、想法信念、声音语调、情绪、习惯等特质。在神经语言学中，有一些关于如何建立亲和感的方法，我觉得很有意思。（可参照第三章）

在人与人沟通的过程中，人们是通过视觉、听觉、触觉、味觉、嗅觉五种感官来接收外界刺激与信息线索，并且转化成自己可以理解的信息的。这些我们眼睛所看、耳朵所听、触觉所感、味觉所尝和鼻子所闻的东西，以及内在如何思考感受的总和，就形成我们的经验世界，是只属于自己独一无二的“真实世界”，没有人会和我们一模一样。

例如，两个人参加同样的聚会、待在相同的空间里，因为每个人的观察力不同、彼此的背景与互动不同，对聚会中互动与感受的解读也不同，所以当聚会结束，每个人日后回顾时，就会有不同的回忆和感受。想象一下，如果李安、姚明和你，同时待在一个聚会中，你们会注意的重点一定不同，对聚会的描述方式也不会一样。不管我们再怎么留意、再怎么仔细或客观，**我们所描绘的世界，一定跟真实的世界有所差别**（这就是所谓的疆域大于地图。地图就像是我们眼中的世界，疆域则是真实的大世界），但对当事人来说，他看到且描绘的世界，就是他的真实世界。这就是人会有盲点的原因，因为他会受限于自己的眼光，而无法看到全貌。

五感之中，**视觉、听觉、触觉是我们最主要接受外界资讯与看待世界的三种媒界，称作表象系统（representational system）**，就是把外在世界发生的事（各种事件和现象），转换成我们可以理解的方式。从小到大，我们不断整合感官经验，随着时间的发展，会逐渐有某个感官成为我们最习惯的感官（主要表象系统），有人视觉发达、有人听觉发达、有人感觉很强。若我们能很快清楚对方习惯的主要接收模式，并且用对方习惯的方式来回应和传递信息，就会让对方感到亲切与熟悉。

- **视觉型：**很重视**画面，**通过**图像、意象**等视觉模组来了解世界
- **听觉型：**很重视**声音，**通过**声音、语调**等听觉模组来了解世界
- **触觉型：**很重视**感受，**通过**触摸、感觉**等触觉模组来了解世界

若想拉近与他人的关系、建立亲和感，就需要先了解对方习惯用哪种感官来接受与回应世界，了解对方怎么表现自己的真实经验。让对方知道我们真的了解他，同时也让对方进入我们的世界，了解我们真正的感受和体验。

那又如何知道对方是属于哪一种表象类型呢？有很多方法可用。这里介绍其中一种，是观察对方谈话时，从他使用的语言文字中来判断，在文字中的形容词、动词、副词会呼应哪一种表象类型。比如，下面就列出每一种表象类型会用到的文字，大家可以**“看”**一下，以前在生活或工作中，有没有**“听过”**有人用类似的说法来描述，相信大家会有些**感觉**。

**视觉用语：**

出现、看见、焦点、观点、想象、鲜明、回顾、醒目、缤纷、精彩、浮现、清楚、看起来、明白、模糊、样子、注视、明亮、画面、发现

**听觉用语：**

赞美、喧闹、听到、解读、回响、谈论、朗诵、弦外之音、和谐、赞叹、倾听、喃喃、响亮、悦耳、表达、讨论

**触觉用语：**

实践、掌握、紧张、温柔、压力、紧绷、碰触、感受、张力、闻到、感觉、捕捉、拍案、笨拙、兴奋、压迫、抵抗

**中性用语**（感觉不到特殊的感官线索）：

决定、承认、理解、确认、继续、好奇、预期、困惑、允许

接下来，大家可以练习将中性的描述句子（如这个月业绩不错、这案子很麻烦），改写成用视觉、听觉、触觉用语来传达的文字，以后也可以**留意在日常生活对话中**还有哪些例子，相信对于大家掌握对方主要用视觉、听觉或触觉中哪一种类型来沟通会很有帮助。

**练习用“视觉”“听觉”和“触觉”用语来换句话说：**

| 题目一 | 一般说法 ➡ 这个月的业绩不错 |
|---|---|
| **视觉描述** | **参考例句：**你们可以**看到**，这个月的业绩**长红**<br>**自行演练：** |
| **听觉描述** | **参考例句：**让我们为这个月的业绩**喝彩**！<br>**自行演练：** |
| **触觉描述** | **参考例句：**大家这个月**做**得很好，业绩一直在**攀升**<br>**自行演练：** |

| 题目二 | 一般说法 ➡ 这个案子很麻烦 |
|---|---|
| **视觉描述** | **参考例句：**这个案子**看**起来很复杂、有很多**不明**的变数<br>**自行演练：** |
| **听觉描述** | **参考例句：**这个案子来自各个单位的声音很多、众**说**纷纭<br>**自行演练：** |
| **触觉描述** | **参考例句：**这个案子**感觉**很**棘手**、不好**搞定**<br>**自行演练：** |

如果你的另一半是听觉型的人，而你是触觉型的人，在没有留意到的情况下，会如何相处？

她有可能经常**问**你："老公，你爱不爱我？" 想要**听到**你的甜言蜜语。而你却习惯让她去**感受**你为她做了些什么，也许是浪漫的烛光晚餐、精心布置的环境，对你来说，这些就代表你对她的爱，可是对她来说，却需要**听到**你的温柔话语才会满足。

若你有个视觉型的老板，需要**看到**面前有很多详细的**图表、数字**才会满足，可是你却是听觉型的人，喜欢用**滔滔不绝的口头说明**来报告细节，你们沟通的效果就会大打折扣。所以，了解你沟通对象的类型，再以他习惯的方式和他互动，会让人喜欢你。

## 通过肢体行为上的模仿，建立亲和感

另一种建立亲和感的方法是**镜像（mirroring）**，是通过非语言行为的模仿来回应对方。**若我们的行为举止、情绪、姿势等，就像镜子一样，反映出对方的一举一动（模仿），这会让我们与对方达到一种"同步"的效果，因而增加彼此的亲和感**。在生活中，也有很多这样的例子。

比如，当大家都坐在电影院中，共同因为某段剧情而大笑，或者感动落泪时，在场的观众都会有种共同经历特殊经验的亲和感。这让我想起好几年前在电影院观看《海角七号》时，看到男主角和邮差骑车然后骂出那句很亲切的粗话时，全场大笑喷泪的那一幕。其他像舞台剧表演、教室上课等，身处其中时，都会因为和身边的人做出类似的动作，而产生亲和感。

要注意的是，**镜像并不是完全模仿，不是要与对方一模一样，而是每隔一小段时间（几秒钟到几分钟），很自然地做出与对方类似的动作**。对方摸了一下头，也许隔几分钟后，你可以用另一手稍微摸一下另一边的刘海。如果太刻意或太相似，会让人觉得怪异而感到不舒服；但若很自然地改变，则是一种呼应。跟随对方的肢体动作、姿势、口语、节奏、心情等做出镜像动作，但不完全一样，也不是马上做。

当我们能很好地呼应对方后，如何确认彼此已建立亲和感呢？这时，**可以试着“引导”，做一个对方没有做的动作，看对方稍后会不会不经意地做出与你类似的动作**。当你发现对方之后真的做了和你类似的动作，那么恭喜你，这表示你们已经达到同步，双方已产生一定的亲和感，相信接下来会有很好的互动体验。

▶ 适度模仿对方的肢体行为，建立亲和感。

▶ 如果对方做出与你类似的动作，表示你们已经达到同步。

**刚开始进行时也许会有点刻意，也需要分心去思考该如何操作，但经过一段时间的练习，就会慢慢变成习惯。**举个例子，有一次我和一家精品公司谈一个训练案时，先和训练经理、业务经理谈，然后优雅中带着严肃的总经理走进来想了解内容，刚好坐在大会议桌的正对面。因为总经理很严肃，所以我也表现得很严肃，并以严谨的态度配合一点微笑来说明。过程中有一刻，刚好我和总经理四目相对，我就微笑了一下。隔几秒之后，她也回应我一个笑容。当时我并没有想太多，只觉得她有笑就好，气氛会比较好一些，而当天的说明会也很成功。后来，当我回去重新检视时突然发现，当我笑了之后，不久对方也跟着微笑了，这不就是情绪的同步吗？于是我就更了然于心，难怪当天那么顺利，因为我们处在一个很好的同步状态中，而这些已经被我熟练地内化而不自知。所以只要你多练习，时间久了也可以做到像我这样自然的。

Note

# 第四节
# 你真的懂我吗？小心沟通背后的隐藏信息

在心理学的人际沟通派别中，有一个“人际沟通分析（transactional analysis）”是我从学生时期就很喜欢的系统，简称 TA，由心理学家伯恩（Eric Berne）提出，是一套了解并改善人际关系的人格理论系统和治疗方法。我之所以喜欢这个系统，主要是因为从生活和实务上有很多经验可以验证它。

## 发现你沟通时的三种自我状态

第一个部分，是关于人有三种“自我状态”。在我们日常生活中，都是用这三种自我状态的其中之一来与人互动。这三种状态分别是**父母自我状态**（Parent），符号是Ⓟ；**成人自我状态**（Adult），符号是Ⓐ；**儿童自我状态**（Child），符号是Ⓒ。

**“儿童自我状态”来自儿童期留下来的思考、感觉和行为；“成人自我状态”是针对目前状况的思考、感觉和行为；“父母自我状态”是我们小时候受到周围重要榜样人物（通常是父母）的影响，将我们所看到与接收到的他们的思想、感觉与行为，投射到我们自己身上。**

也就是说，当我们平日在和人沟通的时候，虽然外壳都是这个表相的“我”，但其实内在的“自我状态”却可能有三种情况。

如果是处于“儿童自我状态”，表示我是以早年儿童期所经历的某个情况下的想法、感觉和行为，来处理现在成年时遇到的状况，通常会是一种想要开心自在地玩耍、夸张，或是顺从（乃至相反的抗拒）的状态。

如果是处于“父母自我状态”，表示我是以小时候曾经历的一位成人（父母或其他人）采用的方式来处理现在的状况，经常以批评、偏执、辅育等行为在外表现。

成人自我状态则是以较理性客观、呈现目前的真实情况与应用收集到的资料，经过自己的思考统筹，以较平衡的方式来处理现状。

而三种自我状态中，“父母自我状态”又可以再分为 NP（**抚育型父母**，Nurturing Parent）和 CP（**控制型父母**，Controlling Parent）。**抚育型父母**代表的是温暖、柔和、安慰呵护的态度和语气，**控制型**父母则是较严厉、否定、蹙眉的态度和语气，有时是不一定合理的偏见或非理性信念。

“儿童自我状态”也可以再分为 FC（**自由型儿童**，Free Child）和 AC（**适应型儿童**，Adapted Child）。**自由型儿童**代表天真单纯、有想象力、直接反应的状态，**适应型儿童**则是包含微笑顺从、听话配合以及刚好相反的耍赖和反抗（反抗也是适应的形式）。

举个例子，当部属向主管请假时，不同的部属与主管之间可能会出现不同的“自我状态”组合，请看以下三个场景。

**【场景 1】**

Ⓒ儿童自我状态（适应型） Ⓟ父母自我状态（抚育型）

【场景 2】

【场景 3】

了解上述几种沟通时会呈现的自我状态后，可以在平常的对话中多去感受一下，说话的对方是处于什么状态，而回应的那一方，又是处于什么状态，

相信会非常有趣。

## 三种常见的沟通类型

接下来要看的是三种常见的沟通类型：**互补沟通（Complementary Transaction）**、**交错沟通（Crossed Transaction）**与**隐藏沟通（Ulterior Transaction）**。

**互补沟通**是一种预期的沟通方式，可以发生在任何两种自我状态中，**双方在沟通中的丢球（刺激 S）和接球（反应 R），是平行的**。比如，我想和你的“成人自我”沟通，而你也用“成人自我”回应，我以“父母自我”和你的“儿童自我”对话，你也用“儿童自我”来回应我的“父母自我”，两个人**互动的感觉是流畅愉快且在预期中的，沟通可以一直持续下去**。

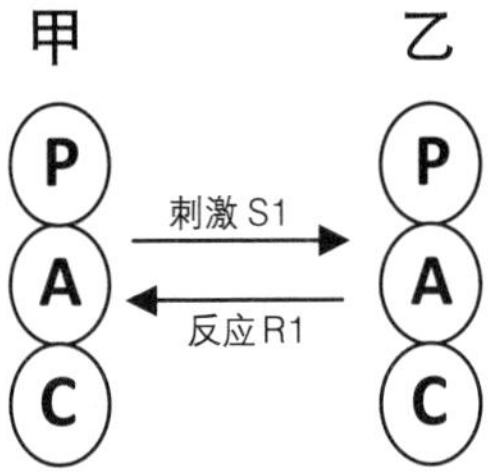


刺激 S1：我们要不要讨论一下下周结婚纪念日要怎么庆祝啊？（**理性讨论**）

反应 R1：嗯，你有想去的地方吗？（**理性回应**）

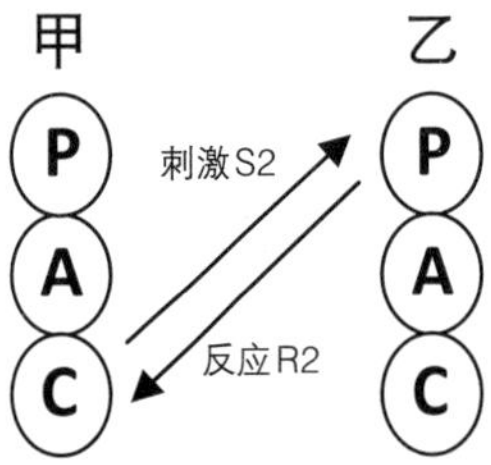


刺激 S2：下周是我们的结婚纪念日，你准备要怎么庆祝啊？（**语气撒娇**）

反应 R2：一定要让你开心，这才是最重要的！（**呵护**）

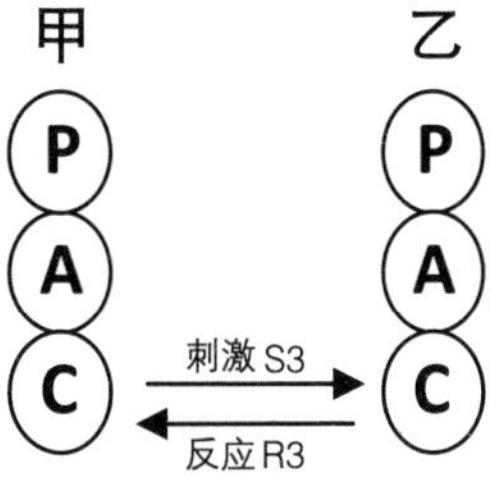


刺激 S3：我们去吃牛排好不好，好久没吃了！**（语气天真，呼朋引伴）**

反应 R3：好啊！好啊！真的好久没吃，都流口水了！**（期待的心情）**

**交错沟通**则是**对话被打断或交错**，一方启动沟通，但并没有得到期待的回应。有点像话不投机或被忽略，感觉是错愕、不舒服的，因此沟通有可能中断或改变方式。有时候不见得是不良沟通，反而可以使受困的沟通解套。比如，对方使用的自我状态对沟通是有害的（太任性或太严肃），则可以用别的类型回应，将对方的注意力拉回，或调节气氛。

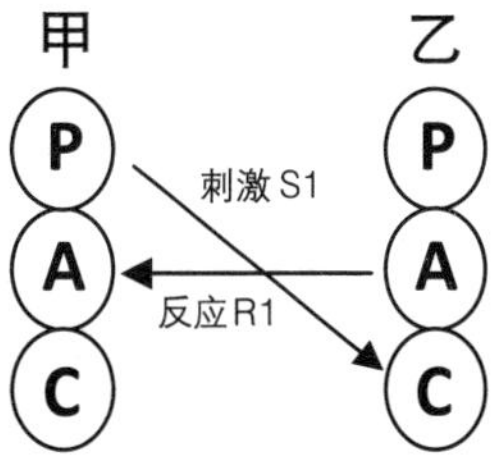


刺激 S1：你肯定忘记我们的结婚纪念日了，你每次都没有放在心上！**（语气责怪）**

反应 R1：那这次你想怎么过呢？**（理性回应）**

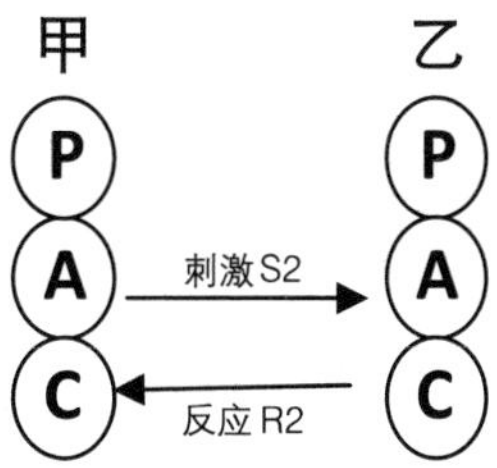


刺激 S2：这一次你想怎么过结婚纪念日？**（理性提问）**

反应 R2：哇，如果可以去吃烛光晚餐，一定很棒！**（用浪漫的回应方式来转换气氛）**

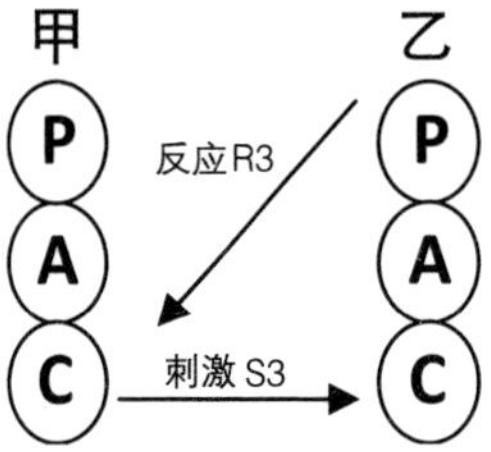


刺激 S3：下周是我们的结婚纪念日，你要带我去哪里玩？（**浪漫期待**）

反应 R3：你不要整天想着玩好不好！（**严厉父母**）

## 解读沟通背后的隐藏信息

**隐藏沟通**通常包含两种以上的自我状态在传递信息，**其中一个是表面公开传达出来的、社会层次的信息，另一个则是潜藏的、隐含的心理层次信息**。后者（心理层次）才是真正想要表达的，但因为是隐藏沟通，不容易被察觉，有时候若接收的人没收到对方隐藏的信息，就会造成误解或隔阂，甚至长期累积而造成关系的受损。

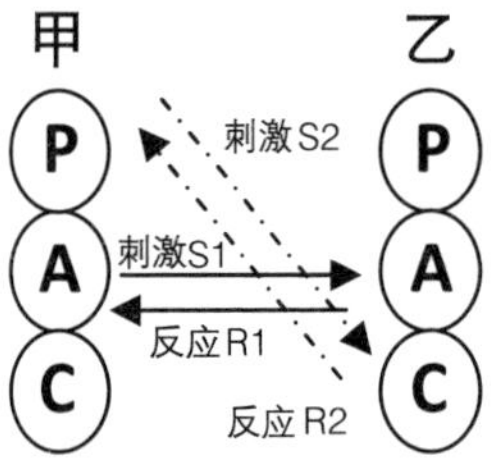


**表面层次**

刺激 S1：这个案子的细节需要好好讨论。（**严肃冷漠**）

反应 R1：嗯，我已经列了一个详细的计划。（**平铺直叙**）

**心理层次**

刺激 S2：哼，看你这次怎么办，我等着看好戏！

反应 R2：讨厌，每次都推给我！

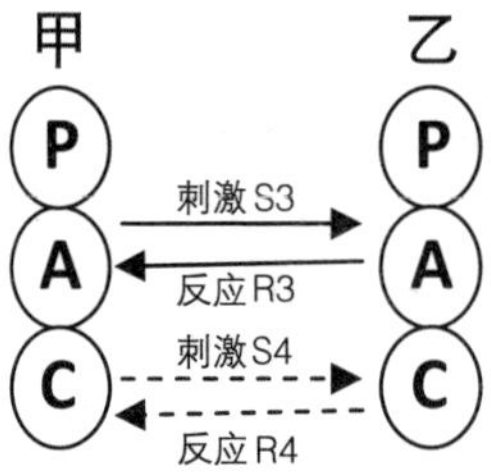


**表面层次**

刺激 S3：周末越来越近了！（**开心微笑**）

反应 R3：嗯，我还记得呢。（**带点兴奋**）

**心理层次**

刺激 S4：好久没出去玩了，真期待！

反应 R4：这次要好好放松一下，太棒了！

TA 的内容架构很丰富，本节只列举生活中比较常见的沟通方式供大家观察、对照，看看身边其他人的对话是处于何种自我状态中，相信会有不少收获。

## 自我成长练习

### 自我状态盘点

检视自己的“父母自我”和“儿童自我”，看看过往经验对现在产生了哪些影响，再做出进一步的改变与调整。

◎ 重建父母自我状态

1. 重新回想成长过程中，包含父母、祖父母、兄弟、师长或任何早期生活中对你有重要影响的长辈与权威人士（让自己安静不受打扰，如同看电影般在脑中回想，或通过照片帮助记忆）。
2. 父母对金钱的态度是什么？必须为生活奋斗吗？怎么花钱？家中是否曾发生重大危机或事件？家中气氛如何？有哪些休闲活动？与朋友如何相处？家务怎么分工？工作态度如何？有哪些坚持的价值观？
3. 回顾上述内容，你有哪些地方和父母相像？
   - **你从父母身上学到什么？**
   - **你的“抚育型父母状态”有哪些？你都用在哪些情境或对象上？**
   - **你的“控制型父母状态”有哪些？你都用在哪些情境或对象上？**

◎ 回忆你的儿童自我状态

1. 假如你已经回到童年的家中，你会看到什么？听到什么？感觉到什么？家中有哪些人？家人之间怎么相处？你有什么感觉？

2. 任意拿出一张童年的照片，慢慢让记忆浮现。当时发生了哪些事？心情是怎样的？哪些是欢乐、开心的记忆？哪些是不愉快、难过或沮丧的记忆？

3. 觉察自己的儿童自我状态，了解现在哪些事情会引发自己的儿童自我状态。

- **当压力大时，沮丧、难过、疲惫、失望时，你的反应是什么？**
- **当有人以“父母自我”和你互动时，你的反应是什么？**
- **当别人的“儿童自我”引发你的儿童自我时，你的反应是什么？**
- **童年时，你如何适应父母的要求？这些适应方式中，现在还有保留的有哪些？**

Note

# 第五节

# 你收到“我想亲近你”的邀请了吗？

## 情感距离才是人际关系是否稳固的关键

在我们每天的人际互动中，随时都在发球给别人，也在观察别人怎样接球和回应。不管发球的人是通过一个**动作**或**肢体碰触**、一个蕴含各种含义的**眼神**、一句里面有各种**语调**与情绪张力的话，或抛出一个问题想要再深入了解，这些动作背后其实都隐含着发送信号者所传达的情感需求和意图——“我想要与你产生联结”。接球的另一方，是不是能“完整”地接收到发球人想传递的意图，以及采取什么方式回应，会决定两个人之间的沟通是顺畅热烈、你来我往，还是格格不入、带有距离。而发球人的这些举动，都是一种沟通上的“邀请”，希望在对方与自己中间搭起一座隐形的桥，让彼此产生情感上的联结。

美国心理学家戈特曼（John M. Gottman）的研究指出，人际沟通中最重要的是，沟通的双方要有情感信息的交流，这是一种感性的联结，而不是只有理性的对话。**“情感距离”才是决定两人关系是否稳固的关键**。这里指的两人关系，包含朋友、伴侣、亲子、同事、上级与部属关系等。事实上，每个人都希望被理解、被关心、被爱，当情感上有充分的联结，很自然就会产生安全感，以及被支持的满足感。

试着回想身边的场景：也许是同事间聊八卦或嘘寒问暖、夫妻间的贴心对话、亲子间的殷切叮嘱或朋友间的关心问候，每个场景都是一个联结的过程，都充满一方的邀请和另一方的回应。**当我们知道“情感联结”是人际间最重要的一环后，千万不要轻视对方的邀请，更不要随意以负面态度，或忽略的方式来回应。**

在戈特曼的研究中显示，想要离婚的丈夫，有 82% 的时间会忽略（无视）另一半的邀请，而关系稳定的丈夫则只有 19% 的时间忽略另一半的邀请；另外，想要离婚的妻子，会有 50% 的时间忽略另一半的邀请，在稳定关系中的妻子则只有 14% 的时间会忽略。

观察在晚餐时的对话，婚姻幸福的夫妻，在 10 分钟内的“邀请次数”，可以达到 100 次；婚姻失和的夫妻，10 分钟内的“邀请次数”则只有 65 次。请注意，这只是 10 分钟，如果将时间拉长为一周、一个月，甚至一年，中间所累积负向情感循环的差异就会像等比数列一样倍增。

从戈特曼的研究中可以看到几点：

**1. 男性对于接收和回应发球者释放出的情感信号，原本就比女性弱一些。**

**2. 沟通过程中，从邀请和回应的次数与热烈程度，可以大致判断双方间的情感联结状态。**

**3. 增加正面的邀请与回应的频率，对双方关系有很大的帮助。**

## 关于邀请与回应

**1. 正面回应邀请能让互动继续，带出更多正面邀请，让关系越来越顺。**

**2. 对邀请的负面回应，会中断沟通，也让关系越来越远。**

**3. 真的有事不得不拒绝邀请，不一定会中断情感联结，如何回应才是重点。**

当我们想邀请对方时，可以采用很多方式，但最重要的是想要建立联结的心情，而不是事情本身。比如问女儿，要不要一起去看电影？重要的是找出可以一起做的事情，而不是非要一定在某个时间做某件固定的事情；即使真的无法约成，也**要注意“对方有无收到自己的关心和想要联结的心情”**，不要因为过程中的不满意而沮丧、受挫，甚至生气或报复。

**建立高比例的“正面邀请与回应”，会促进我们的人际关系。**两人间的关系，是逐步累积的过程，每一次其中一方的邀请与对方的回应，都会加强或减弱双方之间的人际情感联结，邀请会随着双方关系的成长而增强，次数也会增多，要不断传球给对方，而不是很冷淡地回应。从现在开始，请多练习发出正面且清楚的邀请，也给予他人正面的回应吧！

## 检视你回应邀请的方式，能改善人际关系

亲爱的读者，当你看到这段文字时，请务必静下心来回想一下，平常的日子里，都是怎样回应身边人发出的邀请呢？是很正向地接受、很热烈地回应？还是很冷淡地点点头、简短地说一两个字？或者漠不关心、打岔转移话题？甚至以轻蔑、挑剔、防卫挑衅的方式来回应？

对于邀请的回应方式，一般有**“正向热情”“接纳”“忽略”**和**“抗拒”**四种：

| 回应方式 | 内容 |
| --- | --- |
| **正向热情** | **热烈的回应、强烈饱满的情感张力。**<br>甲：悄悄告诉你，我下周要去欧洲自由行！<br>乙：哇，真的吗？好棒啊！要去哪些地方？<br>（眼睛睁大、开怀、双手握拳挥舞等） |

续表

| 回应方式 | 内容 |
| --- | --- |
| **接纳** | **基本上有回应，回应程度从几乎不带情感的淡淡肯定（只回答一两个字：嗯，对）、简短而封闭的回答，或只用轻微动作（微点头）回应，到会有中度情绪张力、有较大肢体动作回应，甚至到正面热情的回应（兴奋热情），都可算是接纳的回应方式。**<br>甲：悄悄告诉你，我下周要去欧洲自由行！<br>乙 1：嗯！<br>乙 2：好棒啊！<br>乙 3：听起来不错。 |
| **忽略** | **接球者没注意到发球者抛出的邀请信息，可能是因为只顾着忙自己的事情，或者个性本就较沉默，或是只注意到无关紧要的细节。通常是因为心不在焉，很少数情况才是刻意不理会，除非是因为策略上希望把距离拉远一点，才有可能刻意忽略或转移注意。**<br>甲：我今天把家里收拾好了。<br>乙 1：明天我们出门要准备的东西准备好了吗?<br>乙 2：……（只顾着看电视，毫无反应） |
| **抗拒** | **比较负面的回应，包含轻蔑、冷嘲热讽、挑衅、故意争论、企图主导、挑剔毛病、防卫保护、负面强烈否定等，通常会造成对方的退缩与情感疏远。如果只有一方抗拒，比双方都抗拒更惨，单方接纳者更不快乐。当对方抗拒或不回应时，另一方很容易因为受挫而放弃。即使在稳定的关系中，一方遭抗拒后，再次尝试邀请的，也只有 20%。**<br>甲：你知道这个要怎么弄吗?<br>乙 1：说你笨还不承认，明明就很简单怎么不会！<br>乙 2：你没看到我在看书啊?<br>乙 3：你怎么拖到现在才弄啊? |

通常我们都期望别人给予自己热情、正面的回应，因为这会带来温暖的能量，但很多人的回应方式却是淡淡接纳，而不是正面热情的。如果处在压力大，或情绪不佳的情况下，更容易出现负面强烈的回应方式。所以，当我们**压力大、有情绪**时，**正是考验**自己觉察力和情商的时候。

要注意的是，前面提到的正面热情，不代表你要接受对方的意见，而是**先呼应他的心情**，让对方觉得你与他是同一阵营的，然后再以理性协调可行的方案。

比如，曾经有一个学员是酒店的经理，他提到有一位香港客人来店，说会在圣诞节前后来度蜜月，希望可以免费将房间升等，还希望可以有一些给太太的惊喜。该经理原本的回应是：“很抱歉，我们现在已经没有这样的房间了。”我给他的建议是，先呼应对方的心情：“哇！恭喜你们要度蜜月，真替你们开心。”让客人觉得你是替他着想的。然后再理性协调说：“我们很愿意替你留意，只是现在升等的房间已经满了，如果到时候有空房，我们一定会尽量为您安排。”一旦客人的心情得到呼应，后续就比较好谈了，虽然未必能升等，对方还是会有一定的满意度。

▶ 你是否常常在无意间忽略了他人的沟通邀请?

**检视自己的回应方式**

Step1

找出一个你曾遇过的事件，当时你回应的方式，是**“负面强**

**化”“忽略不理”**或**“淡淡肯定”**这三者之一。(其中优先找出“负面强化”的回应事件，因为如果一件事情会让你产生强烈的负面反应，表示那会是一个关键点，要优先来看；然后才是“忽略不理”或“淡淡肯定”。)

| 发生事件 | 反应形态 | 反应方式 |
| --- | --- | --- |
| | 负面强化 | |
| | 忽略不理 | |
| | 淡淡肯定 | |

Step2

列出来之后，请试着改写，如果将回应方式改为正面热情，你会怎么说、怎么做。

| 发生事件 | 反应形态 | 反应方式 |
| --- | --- | --- |
| | 正面热情 | |

## 看懂对方伪装的邀请，才不会造成误会与情绪

有的时候，当发球的人要发出邀请时，不是直接表达，而是会用伪装或模糊的方式。会选择这样的沟通方式，通常是为了避免让自己受伤。例如：

**1. 用负面的方式表达**

“你就不会帮我一起管管你弟弟？”“你真忙啊，连打一通电话给我的时间都没有！”

**2. 以愤怒或哀伤伪装**

如果当事人自己都不清楚自己的需要时，就更容易用情绪化的反应来表达邀请。例如，孩子乱发脾气、叛逆、爱哭或莽撞的表现，其实是希望被关心。或是某个成人哀伤地说，“你都不了解我”，其实就是渴望被了解的邀请。

## 自我成长练习

### 日常邀请与回应记录表

下列问题，可以作为每天或每一段时间自我检视的参考依据。定期记录自己与朋友、家人的互动状况，经过一段时间，再观察彼此的关系是否有所不同。

- **你是邀请者**

**1. 今天在工作上（生活中、家人中、朋友中），你有向谁发出邀请吗？**

**2. 你发出邀请的对象，都是如何回应你的呢？**

**3. 今天的互动有哪些是你觉得做得不错的？**

**4. 关于你提出的邀请，有哪些是你觉得可以改善的？**

**5. 你是否想要与某个人产生更多的联结呢？**

| 你是邀请者 | | | |
|---|---|---|---|
| 范围 | 互动对象 | 事件与对话 | 检讨与改善 |
| **工作** | 1. 同事王小华<br>2.<br>3. | | |
| **家庭** | 1.<br>2.<br>3. | | |

续表

| 范围 | 互动对象 | 事件与对话 | 检讨与改善 |
| --- | --- | --- | --- |
| 朋友 | 1.<br>2.<br>3. | | |

- 你是回应者

1. 今天在工作上（生活中、家人中、朋友中），你有发现谁向你发出邀请吗？
2. 你都是怎么回应的呢？
3. 有哪些是你觉得回应得不错的？
4. 有哪些是你觉得改变一下会更好的呢？
5. 有谁的邀请是你忽略的呢？你可以做什么来重新建立联结呢？

| 你是回应者 | | | |
| --- | --- | --- | --- |
| 范围 | 互动对象 | 事件与对话 | 检讨与改善 |
| 工作 | 1.同事王小华<br>2.<br>3. | | |
| 家庭 | 1.<br>2.<br>3. | | |
| 朋友 | 1.<br>2.<br>3. | | |

# 第六节
# 伴侣相处之道

我有一对很好的朋友去年离婚了！

看着他们从年轻时交往，到结婚后这些年的相处，一起走过十多年时间，最后却以离婚收场。他们的年轻岁月和我有很多的交集，我们一起去过许多地方、共享很多欢乐的回忆，我心中有很多感触。

知道他们的婚姻出现状况时，已经有点大势已去，积重难返。有时候我不免会想，如果再早一点知道，或如果我还能为他们多做些什么，结果会不会好一点？于是有了这一节内容，希望能对夫妻与伴侣间的沟通与相处有些帮助。

婚姻，不比谈恋爱，真的是考验重重。夫妻之间，每个人都带着自己从过往家庭或过往生命中的经验和脚本来到这个新组成的家庭中，重新建立新家庭的规则，**夫妻两人对于婚姻有太多的“应该”（应该要怎样才是对的），而两人间的“应该”通常不一定会一样**。大到新家庭的生活支出该怎么负担（双方各负担一半，还是先生负担全部）、理财怎么安排、家务怎么分工、饭要怎么煮；小到生活习惯的差异（家具该怎么摆放、日用品该怎么处理，甚至衣服怎么洗、牙刷怎么放），有太多原本家庭带来的不同点。

## 面对两人的差异时，你是真的在沟通，还是只为了说服？

请回想一下，当你和另一半对某件事的意见（看法、处理方式）不同时，你是不是真的愿意听对方说的意见？对方的习惯、价值观和你很不一样时，你真的能包容与接受吗？还是其实你希望对方能被你说服，转而认同你的观点和做法，然后依照你的方式生活？

如果在双方关系中，你是强势的一方，你有没有转换立场？如果你站在对方的角度看事情，会有什么感觉？如果对方一直退让，真的好吗？

如果你是弱势的一方，你有没有学会表达意见或守住立场，让自己不至于压抑太久而承受委屈？

你有多了解你的另一半呢？我们往往很容易用自己的角度来看另一半需要什么。若对方没开口说，有时就会产生误解。

心理学有不少派别的理论可以提供给两性和婚姻伴侣参考，如本章第五节提到的"邀请"，就是关系中的情感联结；第四节提到 TA 的"自我状态"，让我们看到在沟通时，人们难免会把过去的模式带到当下。

而本节要谈的是阿尔伯特·艾利斯（Dr. Albert Ellis）的**"理性情绪行为治疗"（以下简称理情学派）**中的一些原理原则，可以促进伴侣间的有效沟通。理情学派强调我们要能自我接纳，从过往很多的"应该"束缚中解脱，重获自由。

从小到大，我们一直被很多"应该""必须"的框架框住，常因此造成情绪困扰。在第五章将谈到的 ABC 模式认为，通常会引发情绪的，并不是事件本身，而是我们对该事件的解读和诠释。因为受到后天环境、教育、朋友、媒体等影响，我们难免会产生一些不合理性、不合逻辑或与事实不符的**非理性信念**，大致包含"自己""他人""情况"这三个范畴。

**1. 我（自己）应该永远表现良好。**

**2. 别人（他人）一定要永远对我仁慈公平。**

**3. 情况必须总是以我期望的方式来满足我的需求。**

因为有这些对**“自己”**或**“他人”**或**“情况”**的“不合理的期待”与“要求”，导致我们处在情绪困扰中。而对症的方法，则是要练习无条件地接纳和包容。无条件接纳自己、无条件接纳他人、无条件接纳生活状况。

**若我们以“应该”要求自己，就隔绝了我们真实的感受，也是对自己的不接纳。**比如，我应该要坚强、应该不能生气、应该更认真，这些应该背后，都**隐含着对自己现况的不接纳。**

当我们**以绝对性的“应该”要求对方，其实是不接纳对方**，要求他人成为自己的延伸，不允许对方做原来的自己。比如，**你应该要得第一、你应该要表现得很完美、你应该要很用功读书才会成功**……这些“应该”有时会变成一种“绝对真理”，好像不这样做就是错的，让自己变成“迫害者”和“受害者”间的角色，把自己捆绑住。

## 颠覆“应该”与“必须”，才能拥有做自己的自由

我们常常觉得对方“应该”要怎么做才对，或“必须”怎么做才正确，如果对方并不是如此，就会引起两人的意见冲突。其实，**每个“应该”与“必须”背后都包含了未被满足的“想要”。**“应该”与“必须”代表的是你“一定要”这样的意图，若是能转换为**你“想要”**，就表示**你“选择”要**这样做，才能让两人相处时有更多空间。基本上两人的相处，并没有什么是“应该”或“一定要”如此的。当两人的观点角度出现差异，可以试着找出有哪些共同点是双方都可以接受的。

## 伴侣良好沟通的四法则

**1. 爱伴侣本来的样子**

两人相处时，请接纳对方现在的状况，避免责备与限制他；允许自己去影响他，但不要求对方一定要改变；给予彼此充分说明和分享感受的空间，也给对方影响你的自由。

有些伴侣在相处时，想影响另一半，却又拒绝或抗拒另一半对自己的影响，这样就不是对等尊重的关系，长期如此对两个人的关系并不是一件好事。所以，若能避免以要求或命令的方式去控制另一半，也让**对方免于应该和必须顺服你的期待**，会让双方关系更好。

**2. 时常真诚地表达感激，避免批评习惯**

在沟通时，尽量避免批评伴侣，而是看重伴侣所做的努力，多去发现和创造伴侣的价值。因为批评会造成对方的警戒和防卫，也容易起争执。若能用心**看到对方“做对的时刻”**，并真心具体地表达感激，会让双方相处的气氛变轻松，对彼此的态度也会更加开放。

当批评的声音出现时，则是学习**将批评重新定义为“彼此意见不同”**，但并不是要造成争吵或责备对方。可以去看看在不同的意见当中，有什么是对现状改善有帮助的建议。

**3. 分享歧见，探索差异**

对于双方有意见（价值观、习惯）不同的地方，可以抱持好奇心来了解对方的想法和感受，接纳双方的部分观点，以寻求更好的解决之道。

两人间沟通的**实际问题**是：如何获得你（或对方）或双方想要的结果；有个潜藏的情绪问题是，当得不到自己想要的结果时，如何让自己避免情绪的沮丧、失望或激动、愤怒？所以，在沟通前，要**先接纳**双方的意见一定会有不同的地方，讨论事情是针对事情而不是针对人。

在沟通时，则可以采用**三段式沟通法**。

**第一步：先确认自己已经完全听懂对方要表达的意思**

当对方说完后，可以用自己的话将对方要表达的意思再说一次，确认是否如此。

**第二步：呼应赞同你的认同点**

在对方所说的内容中，先呼应赞同你所支持的部分。（“我同意你刚刚说的……”“我很支持你说……”）

**第三步：再加上自己的观点**

补充说明自己的想法和立场。（“我的想法是……”“我的感觉是……”“我对这部分还有一些想法……”）

**4. 支持彼此的梦想，容许对方犯错**

尽量支持伴侣内心的意图、渴望、目标、希望、期待和梦想。**即使你不一定认同**，也要多一点了解、聆听，并尊重另一半的选择，**以关爱的方式给予支持**，同时也**允许彼此有犯错的进步空间**。

在亲密关系中，就像共同跳一支舞，两人的脚步、进退、协调，都需要一番磨合。祝福每对有情人，都能舞出精彩美好的人生。

**自我成长练习**

**盘点自己的“应该”与“必须”**

◎ 我有哪些想法和“应该”或“必须”有关？

- **对于我的亲密关系，我有哪些“应该”或“必须”？**

**例：夫妻“应该”不吵架**

- **对于我的工作，我有哪些“应该”或“必须”？**
- **对于我的生活，我有哪些“应该”或“必须”？**

◎ 了解彼此可能存在的差异

通过几个问题，来确认自己和伴侣间可能存在的差异。

**从你的角度**

- 伴侣的哪些行为（想法、习惯）让你不以为然、反对或厌烦？
- 伴侣有哪些地方不符合你的期待？

**从伴侣的角度**

- 你的哪些行为（想法、习惯），让伴侣不以为然、反对或厌烦？
- 你有哪些地方不符合伴侣的期待？

**接着，可以再问一个问题：**

- 你没有被满足的期待和伴侣没有被满足的期待有什么不同？

Note

# 第七节

## 读懂对方<br>真正想法的魔法

不知道大家在生活或工作上，有没有曾经闪过这样的念头：“到底他在想什么？他这样做或这样说，真正的用意是什么？”“他是出于善意，还是偷偷在背后使坏？”“他是太单纯了，还是心机太重？”

这种时候除了自己想破脑袋，有的人也会找一两个好友“参详讨论”。有时也许是经过众人讨论，或者因为在社会上待久了、看的人多了，大概也可以猜出个七八成。就像现在有很多像识人术、问话术之类的书籍大受欢迎，都表示读者们很想多了解“对方到底在想什么”这件事。

**要真正看懂、读懂一个人，可以从很多层面切入。**从对方的性格类型来看，有的人很单纯直接、喜恶形于外，有什么说什么，这样的人很容易了解；有的人想很多，大事小事都放在心上，但是都不太讲出来，讲出来的都是他已经过滤的信息，这样的人就比较难懂；更有人说一套、做一套，这又是另一种类型；也有的人八面玲珑、面面俱到，当然功力也相当高强，这样的人不见得能跟你说真心话。想要更了解对方时，通常可以参考以下几种方式。

**1. 先准备好自己的观察状态：像清晰的镜子**

既然是要“读懂”对方，那“解读”的人是不是能很**“客观”地观察**每一个和对方互动的细节？我常观察到很多人喜欢快速地给他人下结论，这样做的好处是不用花太多考虑的时间就能决定如何跟对方相处，坏处是这样往往会识人不明。在“读”人之前，要让自己清晰得像镜子一样，只是将对方的行为、言语、感受等映照出来，再慢慢感受与咀嚼推敲。这样能比较冷静地观察大局，更能真的读懂对方。

**2. 解读对方的行为模式、动机需求**

每个人在当下遇到某件事所做出的反应，与他过往的成长经验、他的价值观、他内心的渴望和心理需求等都有关系。能不能**从他的谈话中，听到弦外之音**，听到他的坚持、渴望与信念，这就需要一番锻炼了。

**3. 观察对方的表情、姿势与肢体语言**

非语言沟通通常包含**身体动作**（表情、姿势、声调、节奏、手势）与**空间关系**（双方的距离）等，假如语言上的沟通信息和非语言沟通信息不一致，往往表示有潜藏的冲突或矛盾。比如，在职场上，我们常常会遇到一种情况，老板说可以，可是你从他的表情和语调判断，就知道答案是不行。

还记得我小时候，每当假日想和同学出去玩时，父亲都会“有点严厉”地问我，要去哪、和谁去、什么时候回来，在我嗫嚅回答的同时，心中隐约已经有了答案，我爸应该是不会让我去的，他还没回答，我就知道了。几次之后我就直接放弃，提都不会再提。

相信大家都有类似的经验，明明对方说的答案是A，可是从他的表情和肢体语言，我们就知道并不是这样。美国心理学家有个研究，当我们在沟通时，倾向相信非语言线索大于语言线索，**55%是根据面部表情和肢体语言、38%根据语调和说话速度，只有7%是根据说话内容**。所以非语言线索要表达的内容，占了总量的93%。通过语言与非语言线索，我们就能试着解读对方传达的信息与隐讳的暗示。

# 从动作姿势来解读对方的想法

沟通时，**面部表情可以让我们知道对方的情绪**，而**肢体动作可以让我们明白情绪的强度**。下面列出一些动作姿势所代表的含意，仅供参考，因为每个人受文化、家庭或自己习惯的影响，不一定会做出类似的动作，这只是一个统计下的大数法则，大家可以在生活中自行观察与判断。

▶ **感到紧张**：坐立不安、不断变换姿势、喜欢摸鼻子、下巴或嘴巴

▶ **心不在焉（或对当下的事情不感兴趣）**：可能会随意出现手部动作，如摸脸、掩住嘴巴、咬嘴唇、玩弄身边的小东西（笔或饰品等）

▶ **不满（或想离开）**：除面部外，其他部位都会转向门的方向（膝盖、双脚、臀部、肩膀）

▶ **双臂抱胸**：反对或是不满某件事

▶ **双腿交叉或并拢**：拒绝参与或不想受对方影响

▶ **双手插进口袋**：表示不愿意暴露内心状态、持保留态度或是不太认真听别人的话

▶ **笑声开朗**：表示性格真诚直接、重感情、乐于助人

▶ **悄悄微笑**：性格内向、害羞，心思细腻、不善于表达真实想法与感受

## 观察空间距离，可看出心理距离

每个人都有自己的地域性，**从地域性的空间距离可以看出彼此的心理距离**。研究发现，一般人会有四种空间距离：**亲密距离**、**个人距离**、**社交距离**与**公众距离**，每种又可分为“近距”和“远距”，以表达其中的亲密或疏远。

| | |
|---|---|
| 亲密距离<br>0~45cm | **近距：两人有实际碰触**<br>**远距：15~45cm（在 1 步以内）：**<br>表示两人关系亲密。 |
| 个人距离<br>45~120cm | **近距：45~75cm（可以轻松碰触对方）；**<br>**远距：75~120cm（约 1 步）：**<br>若要讨论私密话题时可稍近，但又不会觉得冒犯彼此。 |
| 社交距离<br>120~360cm | **近距：1~2m；**<br>**远距：2~3.6m（约 1~3 步）：**<br>正式的交际应酬。 |
| 公众距离<br>360~750cm | **近距：3.6 ~7.5m**<br>**远距：大于 7.5m**<br>用于非正式聚会场合。<br>教室中的教师与学生、主管与一群部属、政治家或名人。 |

▶ 若想增进彼此的关系，可以很自然地拉近两人之间的距离。也可以测试对方和你的心理距离有多远。

## 从眼睛线索解读说话的真与假

当我们在提取内在经验（回忆事情、想新点子、看书思考……）时，眼球会很自然地转动，来刺激大脑对应的神经与区域。我们**可以通过询问特定的问题，看对方眼球转动的相对应方向，来了解对方的回答是真是假**。这是 NLP 神经语言学中一个解读眼睛线索的方法。

以下眼球的转动方向是针对惯用右手的人，若是惯用左手，眼球转动的左右方向就会相反。

当一个人的眼球转动方向**朝上，表示他正处在运用视觉处理的状态下**，如果是偏向自己的左上方，是属于视觉回忆（过往经历过的画面），偏向自己的右上方是属于视觉创造（创造虚拟不存在的画面）；**朝中间方向左右转，表示是听觉方面**，朝他的左边代表的是听觉回忆（有过的听觉记忆），朝他的右边代表的是听觉创造（虚拟没发生的对话或声音）；朝向他的**左下角是内在对话**（表示现在正自言自语，或想事情），朝向他的**右下角代表的是触觉和感觉**。

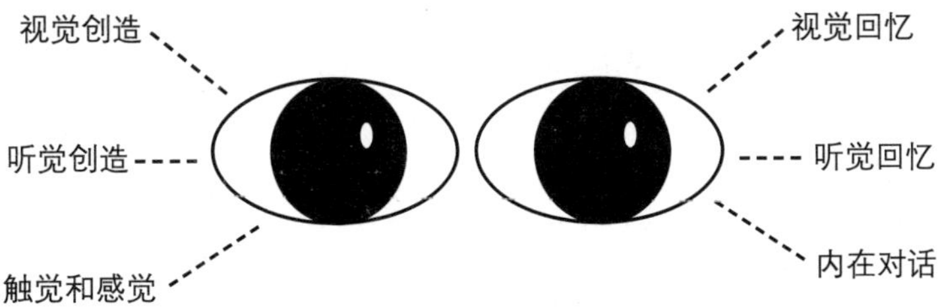


现在你可以找一个朋友进行实地问话练习，参考下列的“视觉线索演练”“听觉线索演练”，以及“触觉线索和内在对话演练”，你将发现其中有趣的地方。

**1. 视觉线索演练**

- **你可以先问对方几个与“以前回忆有关的视觉画面”的问题，当对方回忆时，他的眼睛就会往他的左上方看。（若他是往右上方看，有几种可能，一种是他是左撇子；另外一种表示他当时并不是在回忆，而是在编造画面。）**
- **然后再问对方几个“视觉上不可能发生、很夸张或还没有发生的画面”的问题，仔细观察他的眼睛，会发现是往他的右上方看。**

| 视觉创造 | 视觉回忆 |
| --- | --- |
| **想象一下（描述不可能、很夸张或还没发生的画面给对方）**<br>1. 十年后，你很有成就的样子，是什么画面？<br>2. 哆啦A梦爬到联合国的旗杆上，旁边有警察要抓他。<br>3. 假如你可以举起整个高铁列车，往天空甩。 | **回想一下（描述可以让对方回忆的问题）**<br>1. 你小时候家里客厅的沙发，是什么颜色？<br>2. 你读小学时，印象最深刻的一个场景是什么？<br>3. 刚刚来的路上，你看到什么？ |

当你问对方有关视觉的问题，而发现对方的眼球是往中间（听觉）或下方转动，表示对方的接收信息模式，可能是倾向听觉型（中间）或感觉型（右下），也可能是他在心里有一些自我对话。可以一边聊天一边观察，看对方的眼球转动，大致猜测他心中在想些什么。

**2. 听觉线索演练**

- **你可以先问对方几个与“以前的听觉回忆有关”的问题，当对方在回忆过往听过的声音时，他的眼睛就会往他的中间偏左边看。**
- **然后再问对方几个“听觉上不可能发生、很夸张或还没有听过的声音”的问题，仔细观察他的眼睛，会发现是往他的中间偏右看。**

| 听觉创造 | 听觉回忆 |
| --- | --- |
| 1. 如果唐老鸭唱生日快乐歌，你会听到什么声音？<br>2. 火车上的播音员，广播祝你生日快乐，要大家一起在火车上唱歌给你听。<br>3. 如果有一千个人跟你说恭喜发财，听起来会是什么感觉？ | 1. 你最喜欢哪一首歌？在心里唱一段。<br>2. 你家人都是怎么叫你的？在心里重复几次。<br>3. 刚刚来的路上，你听到什么声音？ |

**3. 触觉线索和内在对话演练**

- **你可以先问对方几个与“触感或感觉有关”的问题，当对方在回忆这个感觉时，他的眼睛就会往他的下方偏右边看。**

- **然后再问对方几个“会让他在心底有一些自我对话”的问题，仔细观察他的眼睛，会发现是往他的下方偏左看。**

| 触觉 | 内在对话（声音） |
| --- | --- |
| 1. 想象一下，很舒服地躺在草地上的感觉。<br>2. 感觉一下，现在你的身体哪里最紧绷?<br>3. 把心爱的人抱在怀里，有什么感觉? | 1. 你常常在心里怎么鼓励自己，现在跟自己说一次。<br>2. 你今年制订的计划，在心里跟自己说一定要完成。<br>3. 在心底随便跟自己说些话，你说了些什么? |

和朋友聊天时，可以观察一下，**对方在讲到与“画面”有关的事情时，眼球是朝向哪个方向，以判断他所说的内容，究竟是曾经发生过的回忆，还是他为了制造效果而编造的内容**。比如，有人很兴奋地跟你说，他昨天看到某位大明星，如果他的眼睛是朝右上方看，表示这是他自己编的。

同样的，当对方说话时，你发现**他的眼睛朝向左下，表示他现在内心有一些声音在与自己对话；如果是朝右下，表示他现在有一些感觉或触觉的反应。如果明明是画面的讨论，他的眼球却先往中间转，表示他可能较习惯以听觉来接收和记忆；如果眼球是往他的左下方转，表示他心里有一些对话**。大家平常可以多观察、多练习，会收获很多乐趣!

Note

# 第二章
# 发展心理学与人生地图

这几年，**“幸福”**这个字眼充斥在各大媒体中，在广告、杂志、电视剧里，都能听到这两个字。当我们在生活中问别人、问自己或被人问：“（你）快乐吗？”“（你）幸福吗？”，除非是不经意的随口回答，否则很容易就会开始思考“幸福是什么？”“快乐是什么？”。

心理学可以从很多角度来探讨“如何过得更幸福”这个问题，而有一个很重要的研究领域，会从我们的婴儿时期开始探讨，到儿童、青少年、成年、老年等阶段。在这些不同的人生阶段中，我们的身心都会持续成长与变化，也渐渐学会如何在大环境中适者生存。**怎样才是比较好的发展方式、在不同的人生阶段要注意什么，就是发展心理学所探讨的内容**。

如果说，生命是一段旅程，那我们每个人从出生开始，就踏上了属于自己的旅途，也可以说是**“自我实现，追求幸福”的旅途**。旅途的早期，通常会有家人的照顾，然后开始接触周围的人，与社区、学校、朋友、更大的世界联结。

在这趟旅途中，每段历程都有意义、都很重要。而这里所谈到的幸福，是关于我们**如何在面对不同阶段的内在和外在挑战时，妥善发展生理和心理等层面，**以创造自己的圆满人生。

# 第一节
# 影响一生幸福的生涯发展阶段

我的女儿现在两岁六个月了。还记得从老婆怀孕开始，我们就不断地收集各种包含胎教、婴儿照顾、怀孕期营养维护、良好情绪保持方法等资讯。女儿出生之后，更是有各种大小事需要注意。宝宝的眼睛什么时候能够看到人、多大可以开始吃零食？什么时候开始认生、什么时候开始依赖？一直到她现在已经能通过简单的句子表达自己的想法，我们开始想的是之后的教育，什么时候上幼儿园，她的个性要注意哪些细节，等等。

相信对每个抚育过小孩的父母来说，在面对**小婴儿**时，都会有很多焦虑、不安、担心。到底这样喂对不对、到底孩子现在这个阶段的身高体重有没有符合标准、到底要多抱小孩还是要少抱、该不该让小孩一直哭呢？以后**上幼儿园、小学**，又该怎么教育才好？要养成孩子的哪些能力或个性，对以后才会有帮助？

也有很多父母正面临孩子的**青少年阶段**，当孩子叛逆了，很多想法开始不一样了，希望能有自己的空间，变得重视朋友甚于家人，该怎么与他们相处？该走升学路线还是技能培养路线呢？青少年时期也是相当令家长费心的阶段。

到了孩子**准备进入大学时**，他会想该如何为以后进入职场而准备？哪些是他的优势？什么是他喜欢的？什么是他想要的？他的价值观是什么？这些都是需要面临的问题。

孩子**长大成人**，进入职场后，会遇到在工作上的自我实现问题，要做什么工作、该不该换工作？是否要进入婚姻？中年危机之类的课题。到了**老年**，便要思考该如何规划自己的退休生活。

## 生涯发展的阶段任务，给我们的一生规划地图

不可否认，人从出生开始，不但在渐渐迈入成熟，也渐渐迈入老化与衰退。**我们必须在足够早的时间，就想好自己的一生该注意些什么**，就好像摊开一张人生地图，让自己有所依循。

对于生涯阶段该怎么划分，每个学者的时间分割点不一定相同，埃里克森（Erikson）的心理社会发展理论将生涯阶段分成八个阶段，纽曼（Newman）则将其分成十一个阶段，为了让读者清楚理解，我根据“个人生涯与心理发展”相关的内容，将生涯阶段整理为九个阶段。

在创新大师克里斯坦森（Clayton Christensen）博士所著的《你要如何衡量你的人生？》中提到，他会问学生三个问题：

**1. 如何知道我的工作生涯是否快乐、成功？**

**2. 如何知道我与配偶、儿女、朋友间的关系可以成为快乐源泉？**

**3. 如何知道我这一生会坚守原则，以免除牢狱之灾？**

我想关于第一个和第二个问题，大家都可以参考生涯发展阶段中，自己、家人或孩子当前所处的阶段作为对照。

**关于生涯九个阶段的发展任务、心理危机与核心历程，请参考下面的表格。**

| 生涯阶段 | 发展任务 | 心理危机 | 重要<br>人际关系 | 核心历程 |
|---|---|---|---|---|
|  婴儿期<br>0~2 岁 | • 社会依恋<br>• 感觉、知觉、运动<br>• 情绪发展 | 信任与<br>不信任 | 母亲 | • 学习对父母的信任与依赖 |
|  幼儿前期<br>2~4 岁 | • 语言发展<br>• 自我控制 | 自律行动与<br>羞怯怀疑<br>（害羞） | 父母 | • 学习靠自己的意志来控制生活<br>• 通过模仿来学习 |
|  幼儿后期<br>4~6 岁 | • 早期道德发展<br>• 自尊<br>• 群体游戏 | 主动自发与<br>退缩愧疚<br>（罪恶感） | 家人 | • 学习自主思考和行动，要培养好奇心与行动力 |
|  儿童期<br>6~12 岁 | • 友谊<br>• 技能学习<br>• 自我评价<br>• 团队游戏 | 勤奋进取与<br>自贬自卑 | 学校<br>邻居 | • 学习依靠自己的勤奋努力可以获得成果的体验 |
|  青少年<br>前期<br>12~18 岁 | • 身体成熟（包含性成熟）<br>• 情绪发展<br>• 同伴群体关系 | 自我统整<br>（认同）与<br>角色混淆 | 同学团体 | • 发展与伙伴的关系，并学习两性相处 |
|  青少年<br>后期<br>18~22 岁 | • 尝试独立自主<br>• 性角色认同<br>• 职业选择 | 个人认同与<br>认同混淆 | 同学团体 | • 了解自己的个性、价值观、未来想要过的生活，建立自我意识 |
|  成人<br>前期<br>22~35 岁 | • 工作方式<br>• 生活方式<br>• 结婚生育子女 | 友爱亲密与<br>孤立疏离 | 友情、<br>性、竞<br>争、合作 | • 在工作领域累积经验<br>• 在情感领域建立稳固关系 |

续表

| 生涯阶段 | 发展任务 | 心理危机 | 重要人际关系 | 核心历程 |
|---|---|---|---|---|
|  **成人后期 35~65 岁** | • **夫妻关系**<br>• **家庭管理**<br>• **养育子女**<br>• **职业经营管理** | **精力充沛与停滞颓废** | **共有家庭分工** | • **准备世代传承**<br>• **提携后辈** |
|  **老年期 65 岁以后** | • **个人生活的总结**<br>• **退休适应**<br>• **身体老化的适应** | **自我荣耀（总结）与悲观绝望** | **全体人群** | • **总结今生经验，让自己无憾** |

## 通过生涯发展阶段来“读人”

当我们说自己很了解一个人时，都是从哪些角度来了解的呢？从他的个性、习惯、优缺点？有人通过正式的心理测验、趣味心理测验来看人，也有人通过星座、血型等来看人。而发展心理学看人的方式，就是从对方的**成长背景**和不同阶段的发展状态来了解他。

就像我们平常生活中，会很自然地以幼儿园、小学、初中、高中、大学、工作、退休来划分自己的阶段，**每个阶段都有需要学习的核心内容和课题**，这就是所谓的**发展任务**。前一阶段的任务如果可以有效达成，将有助于下一阶段的学习，甚至让下一阶段发展得更好；若前一个阶段的任务没有完成好或失败，很可能会导致下个阶段的“瓶颈”，甚至一直停滞。

比如，**婴儿期**（0~2 岁）是我们要**建立信任和安全依赖**的关键期，如果父母在照顾我们的过程中，能带给我们安全感，那么我们在日后成长和为人处世的过程中，就会比较稳定、能被信任；如果婴儿期父母采取忽略冷漠或强势责骂的态度，久而久之，孩子的个性也会变成冷漠型或指责型，这是他们从父母身上看到、学到的方式。

曾听一些朋友私下聊天时，提到小时候与父母的互动状况，会发现有些父母对待小孩的方式很不理性，他们随意责骂孩子，将孩子当作自己的财产般任意对待。再往回推，这样的行为模式可能又源自他们的父母在小时候也被如此对待。当他们长大后，如果没有“觉察”自己身上带着的小时候的情绪创伤和“地雷”，很容易就会在自己当父母时再转嫁给下一代。

每当看到这样的现象，我心中都不免捏把冷汗。有些心理学派提到：家族会传递行为模式和能量给后代，这就是最好的例子。在从小到大的发展过程中，尤其是当年龄还小时，我们比较难掌握自己的生活，受到父母的影响也更大。**当年龄增长，能独立自主的时候，就是我们开始重新“选择”要用什么价值观、什么方式继续往前走的时候**。

有人说，当自己成为父母，开始照顾小孩后，就会更感谢自己的父母。这句话对多数人来说是成立的，但我身边也有些朋友，在照顾自己的孩子时，突然回忆起小时候被父母对待的方式，反而更加不能谅解，往往一谈到就充满情绪。听完他们叙述的故事，也能理解为什么他们会有这样的反应。

我时常提醒身边的朋友，对自己和小孩相处的行为模式，真的要警醒，不要将过往的负面经验继续传递下去。好消息是，经过自己的觉察、调整或疗愈，这些过往受影响的观念或行为模式是可以慢慢转变的。

了解发展阶段的另一个好处是，**当我们知道对方过去的经历后，便能理解他现在为什么会有这样的情绪或行为反应**，也能多一些包容与宽恕。尤其是对于过往曾被父母不当对待的人，如果能够试着去看父母当时所面临的处境，在理解与体谅之后，才有可能包容和宽恕，也才能开始之后的正向循环。

## 了解发展危机与核心历程，是我们的实战手册

在人生各个发展阶段中，都会有潜在的**“心理社会危机（psychosocial crisis）”**，意味着我们在每个阶段都必须付出努力，来适应该阶段必须要学会的社会要求。

在某个阶段，我们的身心会处于一种紧张与有压力的状态，一旦顺利克服，就能往下一个阶段发展。比如，青少年期会遇到与同学相处的问题，有些人可以顺利度过，学会如何在朋友圈中自在地应对；有些人则可能会遇到挑战，也许是内向、不知该如何表达，也许是迫于同学压力而勉强做自己不想做的事情。

当我们面临种种压力而停滞不前时，只要身边有人可以协助，危机也可以变成转机。而各阶段的**核心历程**就是该阶段必须学会的关键能力。

我自己在初、高中时，就是很内向的孩子，传统的乖学生，因为升学压力，每天只在家里和学校间往返。考上高中后，最想做的就是通过社团活动来磨炼自己的个性。当初参加社团时，看到女生还会害羞得语无伦次，甚至口吃。很庆幸有学校辅导老师的协助，让我慢慢地了解自己，也开始尝试更外向地和同学互动，之后个性才慢慢转变。

在接下来的篇幅中，我将会针对个人发展过程中一些比较重要的潜在挑战与危机加以着墨说明，希望对大家有所帮助。

## 第二节

# 建立信任与安全依附的婴幼儿期发展

以前曾有“三岁决定孩子一生”的说法，意思是三岁前是智力发展的关键时期。而随着近年来脑科学研究发现，在我们的一生中，大脑的神经（突触）和路径还会不断因为学习而增加，这就是“神经可塑性”。因此在智力发展的认识上，已经摒弃了过去的错误思想。

那么，在情绪发展上又是如何呢?

当我们在照顾婴幼儿或儿童时，相信大家都有过这样的疑问——到底该不该多抱孩子?当孩子大哭时，到底该怎么做?当孩子很依赖父母时，到底怎么样才是比较好的照顾和接触方法?现在我们要看的，是影响我们一生亲密关系和幸福的**“依附理论（Attachment Theory）”**。

在18世纪、19世纪，曾有教会的主教发现，在教会孤儿院中的儿童，不用担心吃住，但因缺少人力照顾与安抚，容易死于悲伤情绪；20世纪40年代至50年代，缺乏情感交流和身体触碰也是美国很多孤儿死亡的原因之一。

当时精神医学的主流是大家耳熟能详的弗洛伊德精神分析学派，主张个人的问题来自内在潜意识冲突的投射与幻想；母亲和家庭成员过度溺爱会导致孩子过度依赖和黏人，长大后就没有能力照顾好自己，所以对孩子要保持冷淡和理性距离，即使孩子生病也必须保持距离。所以当时的父母必须在医院门口将生病住院的孩子交给院方，不能留下来陪伴。然而，孩子们所展现的诸多不适应现象，让当时的心理学界与精神医学界开始注意与观察研究背后的原因。

## 影响人际关系和亲密关系的依附关系

英国精神科医师约翰·鲍比（John Bowlby）力排众议，经过一系列的研究，证实对孩子而言，**情感交流需求、爱的抚触是相当必须且重要的。**

加拿大心理学家安沃斯（Ainsworth）的实验，整理了四种情感依附的状态：

**1. 人们会关注自己所爱的人，并在身体与情感上与所爱的人保持最近距离；**

**2. 当人们难过、沮丧、缺乏信心时，会很自然地想找所爱的人；**

**3. 和所爱的人分开时，会想念他；**

**4. 当我们探索和冒险时，会希望所爱的人陪在旁边。**

而后续许多学者的研究，进一步证实了依附理论也适用于成人的亲密关系。可见这是从婴儿时期就会**影响我们一生幸福的关键之一。**

**婴儿依附发展的阶段与特征：**

| 阶段 | 年龄 | 特征表现 |
| --- | --- | --- |
| 1 | 出生至 3 个月 | **不管是谁，反应都一样**<br>通过自然反射性的微笑、凝视、眼神追踪、伸手抓握、拱鼻子、吸吮等行为，吸引照顾者的注意。 |
| 2 | 3~6 个月 | **开始对特定对象有偏爱反应**<br>对于熟悉的人，会出现更多微笑和兴奋反应；<br>熟悉的人离开时，会有些许焦躁不安。 |
| 3 | 6~9 个月 | **会主动寻求与依附对象的身体接触**<br>通过爬行、伸手、抓握等方式希望能与依附对象更亲密。 |

续表

| 阶段 | 年龄 | 特征表现 |
|---|---|---|
| 4 | 9 个月 ~1 岁 | **开始了解依附对象的行为反应**<br>从父母的表情含义、语调，了解父母的喜好；开始有分离焦虑。 |
| 5 | 1 岁以后 | **会用各种方式影响依附对象的行为**<br>为满足自己的安全感和亲近的需求，会设法影响依附对象的行为，如要求讲故事、拥抱、父母出门时也要跟着出门。 |

婴儿期的孩子还无法照顾自己，会很自然地与主要照顾者（妈妈、爸爸等）形成一种强烈的情感联结，建立一种亲密依恋（依附）关系，就像是“只要在这个人身边就会很安心、很安全”的感觉，这也会成为日后人际和社交关系的基础。通过学者研究，共有三种主要的依附行为模式：

**1. 安全型依附**

因为**妈妈（主要照顾者）给予了足够的注意力与安全感**，所以当妈妈在场时，孩子会主动探索环境，也敢与陌生人交流；妈妈短暂离开时，会感到难过，但当妈妈回来时，会恢复笑容，继续探索环境。

**2. 焦虑—躲避型依附**

因为**妈妈较少回应孩子的需求，有时甚至给予不愉快或伤害性的回应，**所以孩子很难被照顾者安抚。当父母离开后，孩子的反应不会觉得难过，隔一段时间，父母回来后也不会很开心或想和妈妈接触，而是**冷漠回应**，主要原因是**要保护自己免于需求被拒绝的失落**。

**3. 焦虑—反抗型依附**

因为**妈妈对孩子有需求时的反应不一致**，有时会让孩子觉得安全，有时又会受伤，导致孩子想维持亲近但又怕受伤的挫折。所以，即使妈妈在时，对陌生人还是会很警惕；当妈妈离开时，会很悲伤难过、哭闹，也会停止探索环境；当妈妈回来时，会想亲近她，却仍会表现出生气与不安。

**婴儿期和母亲（主要照顾者）建立安全的依附品质是很重要的**，与孩子三岁半到五岁时是不是可以积极适应幼儿园的团体生活有关。能建立安全依附的儿童，在学龄前阶段会有较大的可塑性、自我控制力和好奇心。当他在学习与同伴相处时，也会有比较稳定、充满安全感的关系。

大家可以回想一下，在青少年和成人的恋爱关系中，对另一半的情感依赖，也会发生类似婴儿期这样的依附关系，就是需要另一半的情感交流与身体接触，以带来安全感。**如果在小时候学到的是“焦虑—躲避型”或“焦虑—反抗型”的依附，在之后的人际关系、亲密关系，甚至亲子关系中，就得意识到还有些功课要做，才能让关系更圆满**。

有些时候，在青少年期或成人期，当我们回头来重新检验自己在依附关系上的反应时，也有可能重新以较成熟的角度来诠释，如小时候觉得父母都不陪自己而与他们有疏离感，当长大后发现是因为父母必须忙着养家糊口，已经没有多余的心力，有这样的体悟，就能开始**选择以新的方式和身边的亲人互动**。

而**提高对周围互动者的需求“敏感性”**，也是可以加强的部分。包含对孩子状态的注意、对孩子释放信号的正确解释，以及促进适当的互动交流反应。这些也都适用于成人沟通。

谈到孩子的发展，气质（temperament）也是很多父母会讨论的重点。有很多研究显示，包含**活动力、社交性、情绪性**等，有很大程度受基因遗传的影响。比较好动、乐于交际的孩子，往往容易和人交往相处，也会因为被别人注意而有积极的反应；比较被动、内向的孩子，自然较不习惯与他人互动，当被注意时，也会有退缩反应。

很重要的是，父母的气质与孩子的气质之间的适应状况对亲子关系有很大的影响。比如，父母是主动、社交型的特质，对于内向型的孩子，难免会感到失望，期望孩子活泼一点。反过来，如果父母较内向，而孩子是外向活泼型，父母也会感到不容易接受。因此，当彼此的气质或特质不同时，如何互相调整达到平衡就很重要了！

## 父母的敏感度和回应态度，是孩子产生信任感的关键

当孩子处于婴儿期时，**“信任或不信任”**是一个关键的心理社会危机。对成人来说信任是指对“他人”可预见的、可依赖的以及真诚对待的评估，是一种在人际关系中经过长期考验而累积的信念，相信可以经得起未知的风险。

而对婴儿来说，**信任是一种情绪、一种对自身的需要可以被照顾者满足的亲身体验的感受**。当婴儿相信自己的需求可以得到满足，就能增加“接受延迟满足”的能力（因为知道之后一定会有，而不会担心失去），也会在和家人相处时，表现出明显的热情、愉悦和兴奋。这些都是婴儿有信任感的表现。**要让婴儿有信任感，父母的敏感度和回应态度**很关键。

当孩子还不能言语，只能通过有限的哭喊或表情来表达痛苦时，父母能越快解读并且正确回应孩子的需求，孩子就会越有安全感。

所以当婴儿期的孩子哭泣时，有一派学者的说法是可以放任其大哭不理，从上述的心理依附需求和信任感建立的角度来看，建议父母还是要马上关注，并且细心地找出造成孩子不舒服的原因。

偶尔一两次来不及或疏忽，影响还不大，若长期如此，很容易让孩子对这个陌生的世界种下不信任的种子，不可不慎。

网络上现在有很多社群，其中会有很多有经验的父母们，分享孩子的各种不同反应和自己处理的经验。大原则就是了解孩子的需求，也了解孩子在该发展阶段会有的反应，而其他的“技术问题”，就很好解决了。

## 让孩子建立安全感的小游戏

容易没有安全感的小孩，会因为不安的情绪而让理性冻结，进而影响学习能力、处事能力以及平日和同伴间的相处。可以通过让他们感觉很温馨、被支持、很温暖的游戏，来加强他们的安全感，降低不安感。

**1. 躲猫猫**

在玩的过程中，孩子会发现不管看不到父母的时间有多长，最后都还是会见到他们，进而增加他看不到父母时的安全感。

**2. 寻宝游戏**

将某个物体（玩具）藏起来，让孩子去找，当孩子接近“宝贝”时就大声发出“哔哔”声，远离“宝贝”时就变小声。这也可以增加孩子对“东西暂时消失”习以为常的经验。

**3. 多一点肢体碰触**

对孩子来说，父母的拥抱或身体的碰触都会带来安全感，像亲子间的脸颊碰触、帮孩子呵痒、一起嬉戏，都会让孩子更有安全感。

**4. 暖身操**

带孩子一起做伸展体操，肢体的扩展可以帮助其心情放松，同时也通过外在行为的改变，让孩子变得开朗。

▶ 通过小游戏来强化孩子的安全感。

Note

# 第三节

# 儿童期是建立自尊、信心和人际关系的关键期

## 建立良好的自我评价，从小时候做起

我们常会看到有人对自己的评价比较高，不管做什么事情都很有信心，有时甚至太过自信或骄傲；也有人对自己比较缺乏信心，不管做什么都是犹豫不决、缺乏行动力，甚至有气无力。究竟这些对自己评价的概念（自我概念）是怎么形成的呢？

其实最早从婴儿期开始，经历婴幼儿期、幼儿期、儿童期、青少年期、成人期、老年期，我们的自我概念和对自己的评价都在不断地形成、改变和累积。这些**自我概念来自我们在不同阶段，和外在环境、人、事、物的互动，所形成的对“自己是谁、会什么、不会什么、喜欢和不喜欢什么”的理解和观点。**

人们很自然地会对自我的各个方面做出价值评估，包含身体自我、反映在别人行动中的自我、自己一连串的愿望和目标的完成度，等等。对自我评价的高或低，会影响到我们在为人处世时的心态、动机和行为反应。**这种自我评价，也可称为自尊（self-esteem）**，来自下列三个基本方面的信息：

**1. 别人的爱、支持和肯定赞成的信息**

**2. 具体的特色和才能**

**3. 把自己和别人进行比较，或理想中自己与自己现状比较后的结果**

自我的特定信息，是在日常生活中通过成功或失败的经历，或是能力在某些方面受挑战之后的反应而累积。当儿童（或各阶段）在学习新事物（包含体育活动、社交技能、课业知识、问题解决等）时，通过**他人正面鼓励式反应或自己取得成功时的喜悦**，都可以**形成积极的自我意识**。

经过上面这些过程，如果能感受到被爱、被肯定、被称赞和有成功的感觉，就会对自己产生**价值感**；而如果感觉到被忽视、被拒绝、被嘲笑、有缺陷和失败的挫折感，就会对自己产生**无价值感**。

值得注意的是，并不是每一种能力在家中、在学校、在朋友眼中，甚至以后在职场上，都具有同样的价值。有的家庭注重成绩与升学，有的注重品格，有的注重才艺，有的注重社交能力；有的学校在意升学率，有的注重特殊表现，有的重视社交网络关系；有的朋友在意好不好相处，有的在意共同的兴趣，有的在意在团体中的表现。

**自尊会受到一个人对他自己所在意的目标（或人生大目标）所需具备能力的评价的影响**。所以在他人眼中很成功的人，有可能还是会觉得自己一无是处；或者即使别人并不看重能让这个人获得满足的活动和特质，他仍然会感到骄傲与自信。原因就在于这个人对自己所在意的能力的评价。

父母的管教方式也会影响孩子。若父母是以攻击责骂、严厉控制、独断专权来约束孩子，孩子就会收到许多负面的情绪，也较容易造成自我价值低落。而当父母以开明讨论、积极愉快的方式，又能自然地表达情感与要求时，孩子会从父母身上学会该如何与他人正向沟通。

当社会不断进步，多元价值观渐渐让我们的人生有更多可能与选择时，每个人也有更多发挥自我特质的机会。就像我小时候，“打电脑游戏”是一个不被多数父母认同的活动，但随着时代的转变，游戏产业的兴盛和许多知名的国际游戏奖项的出现，造就了完整游戏产业链、不少的工作岗位和知名游戏选手。所以对于喜好游戏的宅男而言，也多了许多可以发展和提高自我评价的空间。

各种网络媒体的兴盛，也让这个时代的孩子、年轻人、上班族有更多可选择和自我实现发挥的舞台。在我看来，当今父母也必须得跟上时代变化的脚步，依照孩子的兴趣与能力，多给予鼓励。孩子需要的是建立**“相信自己可以快速适应时代变化而学习新能力”**的自信心和自我认同。

上述的这些感受与自我评价，从生命的早期（婴幼儿期之前）就已经开始影响我们，所以**帮助孩子建立良好的自我评价，要从小时候开始做起**。当我们还小的时候，这些影响是自己无法控制的，当我们逐渐成熟时，就可以重新检视对自己的概念和评价，看看它们从何而来、是否合理？哪些是我们想保留的？哪些是我们想改变的？成为父母后，我们又能带给孩子哪些观念？

学龄儿童很容易体验到**沮丧感**和**无价值感**（其实面对职场变化挑战的我们又何尝不是？）对于这种自尊（自信）的降低，可以视为暂时的波动。幼儿需要成人经常向他们保证他们是有能力的，而且是可爱的。他们需要大量的机会来发现与表现自己的天分和能力。

影响自我评价的另一项因素，是罗森伯格（Rosenberg）所提的**“背景性失调**（contextual dissonance）”，指的是**儿童会受他们直接接触到的社会群体**（社区邻里、学校等）**在宗教、种族、社会阶层、价值观等方面的影响**。比如，国外的研究显示，同样是小康家庭的孩子，如果就读于一般的公立学校，会比就读私立贵族学校来得更自在，比较有归属感和关联感，自尊也会高一些。

而**如果儿童的家庭重视的价值和他直接接触的社会群体重视的有所不同**，即使在家庭中能得到支持，孩子在社会群体中还是会面临**价值观混淆**的危机。比如，父母鼓励孩子发展自己的兴趣和才能，但学校还是很在意升学率与成绩排名时，孩子面临与同学之间的攀比竞争，对自己的价值也有可能出现怀疑。这时父母与老师的理解与开导则相当重要。

## 孩子的学习，从模仿父母开始

孩子的学习，从模仿开始，学习父母的手势、声音、表情，成人的对话、动作、广告或故事的台词等，可以说儿童是在模仿中成长的。

父母（养育者）面对子女时的态度，或采取的行动，被称为“养育态度”。父母怎么和子女相处，对子女的个性将有很大的影响。太过溺爱，会造成孩子任性、神经质；干涉太多或过度保护，会使得孩子太依赖；太过严厉会让孩子容易退缩、不敢冒险。

心理学家班杜拉（Bandura）的学习论，主张**教育孩子要通过身教示范，才是最有效的**。儿童通过观察和模仿身边的人来学习，尤其如前面所说，儿童对父母有强烈的依附，所以父母就是孩子最亲近的榜样。**重要的不是父母“说了什么”，而是父母“做了什么”**。当孩子通过模仿学习到父母亲的行为，他会对自己和心中的榜样（父母）有同样的行为而感动高兴，这是一种**心理的“认同”**，觉得自己和父母很亲近。

有时候当我看到两岁的女儿涵涵，突然做出一些动作时，就会和她妈妈说，你看，这是学你的。又或者，听到她学我们说话，就会提醒自己，在孩子面前真的要谨言慎行，才不会让她学到不好的习惯。

## 寻找内心认同的正向典范，让我们效法并持续进步

所谓认同（identification），就是**把他人的价值观和信念汲取过来，成为自己所相信的价值与信念的过程**。“认同”是每个人童年期很重要的社会化历程，

但在生命的每个阶段都会持续发生。比如，**儿童期对父母的依恋、青少年期对偶像的崇拜**，或成年工作后，**对自己职场上导师的佩服**，都会成为我们所认同的，并将他们所代表的观念、价值信念，内化成自己价值的一部分。

心理学研究中显示，对父母（榜样）的认同有四种动机（也适用于其他阶段）：

**1. 对失去爱的恐惧**

这是很原始的动机，让自己和父母（认同的榜样）很像，是为了能更亲密、更接近，让人有“一体”的感觉。而在与朋友的人际互动或两性亲密关系中，因为害怕失去爱，很多人也会采取**“认同策略”**，就是通过有意或无意的模仿，让自己跟自己在乎的人更相像。

**2. 对攻击者的认同**

为了避免受伤，所以做出连自己也害怕的行为，以**保护自己**。当父母看到孩子的行为和他们一样，会比较少伤害或威胁他们的孩子。这也是为什么有些受害者有时也会成为加害者的原因。通过认同攻击者，让我们仿佛与他们一致，而非对立，成为受害者。

**3. 为了满足权力或地位**

在家庭中，孩子很容易**拥有父母中较强势一方的人格特质**；而在生活或职场中，我们也很容易因为认同“权威”所展现的样貌行为，而模仿类似的行为特质。

**4. 为了增加“知觉到的相似性”**

若我们的典范榜样有许多很有价值的特质，我们很自然地希望跟他们一样好。不管是生理上、心理上，或行为上都是如此。比如，觉得父母（偶像）很有气质，或有很好的身材外表，我们也会**模仿与学习**；觉得偶像很勤奋努力，我们也会兴起“有为者亦若是”的心情。

综上所述，我们从儿童期开始，就可以通过寻找内心认同的正向典范，效仿与学习成功的特质与能力，让自己持续进步、越来越好。

## 儿童期是学习建立友谊与融入团体的关键期

**友谊的建立，是儿童期相当重要的发展任务**，孩子要学会融入团体，从自我中心到尊重他人。他们在团体游戏中，彼此交流互动和学习，也会发现每个人的观点和游戏规则都不同。

玩同一种游戏，可能有好几个版本；庆生或过节日的方式，每家也不一定一样。在游戏的过程中，既学习沟通、分享、建立亲密的伙伴关系，也学习互相依赖、互相帮助，找到共同的兴趣。

这个过程中，儿童会学习以同伴可接受的方式打扮、谈话，也会吵架、闹翻再和好。他们会说自己的秘密、有彼此的默契暗号，同伴的影响力会慢慢增加。不被同伴接受时，他们会感觉孤独。儿童对同伴友情的需要，会让他们**慢慢学习较复杂的社会关系**。当他们遭受同伴拒绝时，会有两种反应，一种是因为焦虑而攻击或骚扰同伴以引起注意；另一种是倾向于退缩、压抑、变得冷漠，但没有攻击性。

我常常遇到很多父母，总是担心孩子会不会和朋友玩得太疯了？会不会花太多时间和朋友相处、参加太多朋友的聚会？通过上述说明，相信大家会发现，儿童期是孩子学习与朋友相处并且能融入团体的关键时期。所以千万不要因为期望孩子有很好的课业成绩，就禁止孩子与朋友相处。好的人际相处能力，对于日后孩子的学习生涯甚至走入社会的历练都相当重要。

## 建立孩子自信的暗示引导法

其实，“暗示”是我们在生活中常做却不自知的一件事。可以多和孩子说些积极正向的鼓励话语，**用正面的暗示来引导孩子**，帮助他们建立自信心。

（请参阅第三章的第四节）

### 1. 睡前鼓励法

**将睡未睡的恍惚状态，正是潜意识最容易接受暗示的时候。**可以在孩子入睡之前，轻声细语地对他说些温暖的话语。例如，“爸爸妈妈最爱你了”“你好棒，今天表现很好哦！每天都要这样哦！”可以对孩子表达关爱，或者把今天看到孩子做得不错的地方说出来，并且告诉孩子“会越来越好”。

▶ 睡前对孩子说些温暖、鼓励的话语，能带给孩子积极、正面的感受。

### 2. 起床叫醒法

**将醒未醒时，也是潜意识最活跃的时候。**孩子需要一点时间让自己恢复清醒，这段时间的长短，对每个孩子可能不同，也许是五分钟、十分钟或更长，要避免用负向、具有杀伤力的方式来刺激孩子，而是要用舒服、正向的方式来唤醒。

以下这几种叫孩子起床的**错误方式**，都会带来反效果：

- **愤怒地大喝“几点了，还不快起床！”**
- **粗暴地拍打孩子的身体**
- **直接拉开被子**
- **反复唠叨碎碎念**
- **刻意用起床后的噪声（如走路、刷牙、物品碰撞声）唤醒**

凡是用较激烈的动作、过大的声音，甚至叫骂来打断睡眠，都是会剥夺睡眠安全感的杀伤力叫醒法。

**3. 时常称赞法**

看到孩子的优点或表现好时，可以很开心、大力地称赞他，对他说：“爸妈知道你很棒，而且会更棒，会一直有很好的表现！”父母的话语，对孩子有很大的影响力。只要父母相信孩子会更好，他们就会有更好的表现。（请参考第一章第二节的“自我预言实现法”）

### 自我成长练习

## “美好的一天”叫醒法

每天早晨，试着在孩子耳旁温柔地说：“小宝贝，又是美好的一天！准备起床啦！今天有好多好玩、开心的事情等着你，你的好朋友也会在学校等你哦！动一动手指头、动一动脚趾头（从身体末梢开始），准备起床啦！”

以对孩子有吸引力的画面来叫醒孩子，会让他感受到美好的一天即将开始，同时也可以播放舒缓轻柔的音乐，让窗户透进微微的光线。对于睡得比较熟的孩子，可以轻抚碰触，从手、手臂到脸颊，让他慢慢醒来。

# 第四节

# 寻求独立与<br>人生探索的青少年期

## 以终为始，这一生想要的是什么？

到了青少年期，人们就要从儿童期的依附父母，转而学习独立思考、规划自己的人生。史蒂芬·柯维（Stephen R.Covey）在成功的七个习惯中，提到“以终为始”，我觉得很适用于“从青少年到成人”的自我探索追寻之路。“终”是结果、目标，“始”是开始、出发点，就是现在正在做的事。**“以终为始”，从“寻求这一生想要什么”开始人生探索**，先确定最终想要达到的大方向、目标与境界，再看看从现在这一刻该如何到达那里。有了方向，面临每一个选择时也就比较清楚自己想要的答案。

这一生，要留下些什么呢？什么是自己想要的？从青少年乃至成人，大概在不同阶段都会遇到这个问题。教育心理学博士吴静吉在《青年的四个大梦》中，引用耶鲁大学心理学教授莱文森（Levinson）的研究，提到青年期有四件很重要的事：

**1. 寻求人生价值**

思考自己在成人世界要扮演什么角色、做什么样的人、追求什么样的价值；规划对未来的蓝图、确立生命目标。

**2. 寻求良师益友**

小时候我们觉得父母是万能的，到了青年阶段，我们会发现世界很大，还需要其他大人作为学习楷模、人生导师，以学习更多的观点、经验，让自己少走冤枉路，站在巨人肩膀上往前看。他们既可以是生活中能实际接触的人，也可以从传记、书本、网络、访谈中间接接触。

**3. 寻求爱情与亲密友谊的建立**

青少年很需要同伴间的亲密友谊、肝胆相照与归属感，同时对两性间的爱情也有憧憬。同伴之间的互动，是青少年最在意的。

**4. 寻求终身的职业与事业**

职业是让自己维持基本生活的保障；事业需要更全身心地投入，希望能有所成就。

## 从班级、社团、打工中练习独立自主

在儿童阶段，拥有朋友很重要，但并不一定要归属于某个特定团体。通常朋友圈是因**高同质性**，有较多**地缘**或**连带性**而产生的，如同一个社区、同一个才艺班或补习班、同班同学等。青少年期因为学校的因素，跨地区流动率变高，同伴间的异质性变高，各种次级团体的兴趣与选择也变多。这时候的同伴关系，开始朝更深化理解、互相支持的伙伴关系发展，对于彼此的价值观、理想、信念也会有更多交流。**对青少年而言，这是个逐步切断和家庭联结的脐带、慢慢开始思想与行动独立的阶段**。

由于青少年开始寻求精神上、经济上、生活事务处理上的独立，通常也会经历与父母相处的阵痛期。这个阶段的父母，先要有**“叛逆不听话很正常”**这样的心理准备，给青少年一点**空间**，但还是要对家庭的规则事先约法三章。

父母要体认青少年唯有经过这个阶段的各种独立尝试（同伴关系、学校表现、参与活动等），建立足够的经验和自信，之后面临就业考验时才会有好的准备。过度保护其实不是好事。

而**社团活动**会提供一个很好的练习场合，让青少年在自己感兴趣的社团中，与许多来自不同背景的朋友互相交流、一起办活动，学习**团队合作**、培养**领导力**。打工也能带来很好的历练，应鼓励孩子积极尝试。

青少年期，身体也会迅速发育变化，**第二性征开始出现**，象征离成人又更近一步。男孩与女孩在外形上会遇到不同的问题。通常对男孩来说，身高变高和肌肉变结实是受到欢迎的，而刮胡须则变成一种象征长大的记号。对女生来说，长得太高与胸部的发育，可能会引起窘迫的感受，因而容易让自己弯腰驼背，以遮掩这些变化。相较于男生，女孩们比较不喜欢自己的变化。在这个阶段，**父母的鼓励与开导便相当重要**。

## 鼓励多种尝试，体验各种角色

除同伴间的相处外，从青少年期开始，青年和家长都要意识到，他们即将面临不同的挑战——**要尝试找出未来职场上各种可能成为的角色**。这会是一个**“角色尝试（role experimentation）”**的过程。在这个过程中，可以通过包含暑期的实践机会、实习、课程选修、参与各种相关讲座活动、心理测验评估、广泛阅读书籍与杂志、志愿者服务、媒体采访报道、访谈、观察实际工作内容，等等，让青少年试着想象自己想要从事的工作。许多研究都发现，未来的教育和职业选择，是多数青少年主要的担忧。

青少年必须**开始考虑未来要选择的方向**，也要从过去与他人的关系或各种经验中，整合出自己可能适合的选择。影响高中和大学生涯选择的因素中，以**个人因素**（能力、兴趣、态度、自我期望）占最多。其他诸如家庭、社会、经济因素等影响则较小。

## 了解职业生涯选择七阶段

一般青少年在评估未来的发展选择时，主要会考虑三个方面：学习专业技能或读大学、主修什么专业、未来要选择什么职业。

在进行**职业生涯选择**时，需要把**自我概念**（需求、兴趣、价值观、能力等）和**与工作相关的客观因素**（工作种类、工作要求、发展前景等）交互考量，并经历包含**探索**、**固化**、**选择**、**阐释**、**就业**、**重组**、**整合**七个阶段。

| 职业选择阶段 | 发展内容 |
| --- | --- |
| **探索**<br>exploration | 意识到将要做出职业选择，开始有目的性地了解自己的兴趣、专长、价值观，也开始了解职场世界的生态背景，主要是广泛探索职业生涯的各种可能性。对未来开始产生焦虑和不确定感。 |
| **固化**<br>crystallization | 经过探索，逐渐了解各种可能的利害关系、各种选择的优点与缺点，删减一些不考虑的选择，慢慢筛选出可供选择的目标。此时会有许多矛盾与两难。 |
| **选择**<br>choice | 经过前面的阶段，确定最后的目标，并且从内心找出挑选这个目标的正面好处。 |
| **阐释**<br>clarification | 为自己所选择的答案建立更充分的理由，也制订出行动计划和步骤。 |
| **就业**<br>induction | 进入新的职场环境，试着融入并有所表现。开始掌握工作内容，认同新团体的文化、价值和目标。 |
| **重组**<br>reformation | 深入参与新的团体，且有良好表现时，会开始抛出自己的某些价值观与信念，尝试在团体中发挥影响力，做出修正与微调，以包容自己的期待。 |
| **整合**<br>integration | 团体对于新成员的改变企图做出回应，双方达成妥协与共识。新成员对自己和团体有更客观的了解，也被自己与他人赋予成功的评价。 |

在这七个阶段中，可以看到**每个人与团体及工作环境都会相互影响**。这是双向选择的过程，个人的能力、兴趣与生涯价值都会慢慢呈现。而团体的气氛与状况、工作环境是否符合个人期待，都是很必要的指标。

很重要的是，做决定的过程要采用哪种决策方式，也会有所影响。有的人倾向**计划式决策**（找寻资料、评估各种主客观条件，这是较合理的方式）；有的人倾向**直觉式决策**（运用想象、感觉与情绪，较少信息收集，而是以某一刻的感觉来下决定），或**依赖式决策**（受到他人期望与评价的影响而决定）。

对青少年来说，鼓励他们进行多种尝试、增加各种体验、厘清自己的价值观，并学习良好的人际沟通互动和应对技巧，把握每个当下，累积出成果，就会是很好的人生发展准备。可参考第一章第一节的练习，把大目标细分成小目标，慢慢累积小的成功经验，便能逐渐发展出自己的能力与专长。

Note

# 第五节

# 安身立命与自我实现的成人发展

对大多数人来说，从学校毕业、进入职场后，便开始努力工作、实践理想与抱负的过程。有时候我们会意气风发、信誓旦旦，有时候也会遇到挫折、沮丧低潮。成人期从 22 岁到 65 岁，有漫长的四十多年，可算是人生最精华的时期，是每个人可以放手去追求理想与幸福的阶段。之前二十多年的成长过程，都可以算是为了进入成人期，追求自己生命价值的前置准备。

在**成人早期**（22~35 岁）我们大致会遇到关于工作的探索与定向、财务管理的规划、是否要进入婚姻、是否要养育子女、如何经营家庭生活等课题；而**成人晚期**（35~65 岁）则是遇到我们在职场上的社会角色、工作价值与理想的发挥、子女的教育与成才、年老父母的照顾、退休的准备等课题。相较于前面几个阶段，成人期有更多的可能性与自主性，也必须为自己负起全部的责任。

## 检视你扮演的社会角色

在探讨成人期可以如何追求幸福的过程中，我们会发现**每个人都要同时扮演很多角色**，也许是下属、主管、父母、子女、社团领导者、网络社群管理者、志愿者、评论者、老板、顾客、晚辈、长辈等。一旦进入某种角色，就需要改变自己，以符合该角色被期待的面貌。比如，你的公司若期待你是一个能确实掌握工作进度的主管，即使你原本并不是这样的个性，为了扮演好称职主管的角色，还是必须锻炼自己精准要求的能力。

▶ 在各种角色之间，我们该如何取得平衡?

**社会上对于特定角色的期待，也深深地影响着扮演该角色的我们**。比如，即使在当今社会，当女性步入婚姻，有了小孩之后，很多人还是习惯地认为婴儿的主要照顾者就是妈妈。所以每个妈妈都或多或少得面对社会对这个角色的期待所产生的压力。

社会角色可以从四个维度来看：

**1. 角色数量**

角色的数量增加，也意味着个人对社会的参与度增加，好处是对社会各层面会有更深入的了解，但扮演的复杂度也会同时提升。如果一个人扮演的角色数量很少，对每个角色所付出的精力和时间便相对较多，一旦对其中某一个角色感到挫败，必定会造成很大的影响。所以一般来说，不论我们处在人生的哪个阶段，都鼓励大家在**能力范围内，扩充自己扮演的角色数量**，这也会丰富我们的生活。当然前提是这些角色与我们的人生目标或使命是相同的，若你的人生目标是希望在探寻内心的道路上好好努力，那么回归本质就比角色数量重要得多。

**2. 角色的介入强度**

介入强度低，表示这个角色可有可无；**介入强度越高，表示对这个角色所投入的精力和能量也越强**，因为投入度高，受这个角色的影响也就越大。以单亲妈妈为例，她们独自把孩子抚养长大，过程中的辛苦可想而知。当孩子长大独立，自组家庭时，她们就会面临失落的挫折感，这时如果不能预先调适心情，婆媳之间的相处肯定会出现问题。可以从很多方面来解决这个问题，如果从"社会角色"的观点，就是让她们找到新的角色重心，转移注意力。

**3. 角色需投入的时间**

投入时间的长短与强度的强弱是两件事。比如，连锁快餐店的兼职生，需要投入的时间很长，但介入强度（投入与关注度）却因人而异。有的人很认真，会时时关注门市内的每个细节，介入度就高；有的人只是抱着计时算工钱的态度，介入度就很低。**如果一个角色需要花费某人很多时间，但他的介入强度低或价值不高，长远来说就会成为这个人挫折的来源**。如果要检视自己对生活的满意度，大家可以列出目前所扮演的各种角色，并评估自己介入的强度与投入的时间，是否与自己的长远目标相呼应。可利用社会角色统整表（见下页）进行检视。

**4. 角色的结构程度**

**对该角色定义和要求的详细程度**。比如，对"警察""法官"等角色的定义，就相当细致，有清楚的规范；而对父母亲、伴侣、好朋友这样的角色，结构上的弹性就非常大。当角色为高度结构化时，很可能会出现角色上的适应问题，如“律师”，这个角色被要求必须合乎理性与逻辑，也有很多严谨的执业规范，如果选择这个角色的人本身很感性、很温和，当他面临这个角色时，就会遇到较大的挑战与挫折。反过来说，如果一个人的特质、能力很适应某个角色，那高度结构化的角色因为定义清楚，就能让他发挥得更好。举例来说，如果打工兼职，一周上班五天，每天八小时，投入时间算多，但若不认真（介入度只有1或2），而他的目标与兼职内容又没关联，盘点下来满意度就会很低。

**社会角色统整表**

| 扮演角色 | 介入强度（以1~7评分） | 投入时间（%） | 角色结构的定义 | 与目标呼应度 | 满意度 |
|---|---|---|---|---|---|
| | | | | | |
| | | | | | |
| | | | | | |
| | | | | | |
| | | | | | |
| | | | | | |
| | | | | | |

## 在多样复杂的角色中，找到自己安身立命的平衡点

**如果某些角色并没有一定的规范，那么“扮演该角色的人”和“处在相对应角色的人”，彼此之间的共识就相当重要。**若两人对角色的期待意见不

合，就会存在大量的冲突。比如，夫妻之间对家务的分工、对彼此责任义务的期待、对照顾小孩的观点，甚至对亲密生活的期待与需求等，都必须有清楚的讨论，不然就会时常发生冲突。亲子之间、主管与下属之间、同事或情侣之间，也都是如此。

另外，**当我们对某个角色期望过高时，就会出现“角色压力”**。这个期望可能是自己给的，也可能是外界给的，如高级主管要面对庞大的公司事务，他的角色压力自然不小。当**不同角色之间的要求彼此对立时，就会产生“角色冲突”**，如一个能把孩子照顾好的母亲，若同时也是公司运筹帷幄的主管，她的时间安排难免产生冲突。当**某个“角色终结”时，也有可能产生相对应的情绪**，如父母年老离世，我们失去子女的角色，心中的不舍、失落等各种情绪，势必也需要时间沉淀整理。成人期的挑战，就是**在多样复杂的角色中，找到自己安身立命的平衡点**。

## 面对“社会时钟”的应对之道

成人期也会面临**社会时钟**（social clock）的挑战，指的是同一个社会中，对于重大的生活事件（如结婚、生子、退休等），会倾向有个约定俗成的观点。这种一致性会对个人在某个时期造成该做某些行为的压力，也可以抑制与年龄不相称的行为。比如，有些到了适婚年龄的人，每当遇到家族聚会就会感到压力或刻意回避，因为不想再被询问何时才结婚。又或是同学之间，因各自发展不同，有的人觉得自己未达到相对应的成就，就会避免参加同学聚会。

随着社会的多元化，这样的时间压力会稍微降低，但也要看个人所处的环境以及自己的调适程度。与其因为逃避而导致人际疏离，不如**主动想好应对之道**，让自己更自在。

## 盘点成长趋势，走向圆满之路

心理学家罗伯特（Robert）提出成人期有五种成长趋势，是每个人在成人期最主要的收获，很值得参考。

**成长趋势表**

| 成长趋势 | 特点 |
| --- | --- |
| **1. 自我认同的稳定** | 由于成人期之前各阶段的努力，加上在成人期对个人职业生涯发展的确定，每个人对自我所扮演的角色、兴趣、能力与价值也趋向稳定，掌握度变高。 |
| **2. 个人关系圆融自主** | 因为个人的成熟与独立，比较清楚自己的喜好标准，所以能更真实自在地与他人相处。会更确定生活中对自己较重要的人际关系，并产生较深入的互动。 |
| **3. 兴趣的深化** | 因为时间的累积，对感兴趣的事情会发展出更深的了解，也成为满足自己的一部分原因；同时也会鼓励或引导身边的人发展同样的兴趣。 |
| **4. 价值观的圆融** | 在自我长期发展的过程中，会渐渐发现自己的存在价值与意义；当用心面对自己的体验时，往往能整理出更多的价值意义。 |
| **5. 关心层面提升拓宽** | 当个人任务渐趋稳定圆满，便开始有能力关切超越个人福祉的大众事务，会开始投入对大环境、制度改善、下一代教育等议题。 |

▶ 若我们在成人期能有效发挥个人优势特质，之后便会开始投入有意义的社会关系中。

### 自我成长练习

**“社会角色”与“成长趋势”大盘点**

通过对自己提问的方式，来检视自己目前的状况。请参考下列问题范例，在纸上写下自己的答案。

◎ 关于“自我认同”

- 我现在扮演哪些角色？哪些角色是我擅长的？哪些角色带给我幸福、快乐的感觉？
- 在未来的日子里，我希望哪些角色可以发挥得更好？
- 哪些是我觉得做得不错的？怎样做可以更好？我的行动计划是什么？

◎ 关于“个人关系圆融自主”

- 我的家庭关系经营得如何？
- 我现在最密切互动的人际关系有哪些？（列出十个或更多）
- 这些人际关系带给我什么？哪些是我很喜欢并且乐在其中的？
- 有没有哪些互动是我觉得有点勉强的？我可以选择用什么心态面对？
- 哪些是我觉得做得很不错的？我怎样做才会更好？行动计划是什么？

◎ 关于“兴趣的深化”

- 我现在的兴趣有哪些？有这些兴趣多久了？这些兴趣对我的意义是什么？
- 我身边的朋友是否有同样的兴趣？有找到志同道合的伙伴吗？
- 我还能做些什么，让这些兴趣在我生命中发挥更大的价值？

◎ 关于“价值观的圆融”

- 我现在在意的价值观有哪些？（可参考第四章第一节的“价值观盘点”）
- 这些价值观对我的意义是什么？
- 哪些是我觉得做得很不错的？
- 为了让这些价值观在我的生命中发挥得更好，我还能做什么？
- 我的行动计划是什么？

◎ 关于“关心层面拓宽”

- 除与自身相关的事情外，我现在还关心哪些与大众有关的议题?
- 这些议题对我的意义是?
- 有没有哪些议题会让我有使命感，想要投入?
- 如果现在能采取一个很小的行动，那可以是什么?
- 当我执行后，会创造出什么成果?
- 当产出了我想要的美好成果，我会怎么庆祝呢?

每隔一段时间就盘点一次，能帮助我们更清楚地向前走。

Note

# 第六节

# 快乐银发族：传承与放下的老年期

## 坦然接受老年期必然的变化

随着生命的成长，每个人都会进入老年阶段。在这个阶段里，身体的衰老与退化，是无法避免的。也许是行动上变得迟缓，也许是某种或数种感官的退化。也可能面临急性或慢性疾病的痛苦。低自尊的老年人，往往会因为身体的退化，而对他人的反应和行为很敏感，担心是对自己的嘲笑或拒绝，因而产生烦躁或退缩反应。因此，**在照顾老人家时，需要更多的体谅**。

每个阶段都会面临角色转移和角色丧失的过程，而在成年晚期，角色的转换通常会带来一些冲击。比如，退休、知交好友的陆续离世、失去伴侣等，都是重大的角色失落；而变成祖父母、生活顾问、社团领袖、退休者等角色，也会衍生出其他需要适应的行为和互动模式。**在自己或父母中年时，就要开始思考与面对老年期将有的变化，这样当真正迈入老年时，才能坦然面对这些必然的变化**。

## 通过扮演祖父母角色获得价值并与时俱进

家族中“第三代”的降临，对大多数的爷爷奶奶来说，绝对是一大喜事。让我们来看看扮演祖父母的角色，对老人家会有什么帮助。在诺加盾（Neugarten）的研究中，可以找出五种祖父母的类型作为参考：

**五种祖父母类型**

| | |
|---|---|
| 中规中矩型<br>formal | 愿意照顾孙子女，但很谨慎，不会介入子女的管教，只是偶尔协助照顾。 |
| 寻找乐趣型<br>funseeker | 喜欢与孩子嬉闹、游戏，从中获得乐趣与满足。 |
| 替代父母型<br>surrogate parent | 在子女外出工作时，承担照顾孙子女的责任。 |
| 智慧老人型<br>reservoir of family wisdom | 偏向权威式关系，通常是祖父行使智慧与能力，而孙子女与子女都服从。 |
| 远离型<br>distant figure | 通常只在节日时露面，与孙子女很少接触。 |

绝大多数的年长者都会对陪伴自己的孙子女们感到开心、满足与骄傲。在**孙子女身上他们可以感受到生命的传续意义**，感觉属于自己的血脉、信念、价值等可以延伸。而在陪伴孙子女的过程中，祖父母会了解当下儿童最新的设施、玩具、游戏和文化，可以让年长者借此机会融入新的时代变迁中，减少与时代的疏离感。同时他们也可能会看到有些故事、歌曲或游戏，是从他们儿时的年代就流传下来的，因而产生联结感。

在这个阶段也可以鼓励年长者将自己的经历、过往先祖的智慧和文化，传递给儿孙辈。这也是一种挑战，让年长者努力整合出自己过往经历的意义，并用孙辈能理解的方式传达，也许是通过说故事的方式，或是带他们实地旅行与观察，参加各种文化活动等，都能让祖父母与孙子女有亲近的互动，并增加存在的价值感。没有孙子女辈的年长者，也可以寻找自己身边亲友的孩子作为替代，投入心力照顾与互动。或者寻找担任志愿者的机会，将注意力放在更多的孩子身上。

▶ 与孙子女分享自己的过往经验，是生命的传承与延续。

## 通过不同类型的休闲活动培养兴趣

休闲活动与兴趣的培养，也是这个阶段很重要的一环。随着自己身为父母的责任的减少，年长者会发现有更多时间可以投入休闲活动。不同类型的休闲活动可以满足不同的心理需要。有些是满足年长者的交友联谊需求，如打牌、打高尔夫球、跳交谊舞、聚会唱歌等；有些是满足动手操作的乐趣，如种植物、做木工、编织、陶艺等；有些是关于艺术层面的爱好，如书法、绘画、创作；也有静态的爱好：阅读、收藏、看电视、浏览网页等，或是关于志愿服务或大自然体验等其他类型的活动。趁着自己或父母还在成人期时，就要开始培养不同的嗜好，以便让退休后的生活有较好的调剂。

## 用更正面的角度来接受自己的一生

到了成年晚期和老年期，回顾自己这辈子的主要任务（工作成就、家庭、子女教育等）时，除非已创造出非常突出的成果，否则每个人对自身的成就或多或少都会有一定程度的失望。这时就必须接受摆在眼前的现实，并体认到理想与事实总会有落差的道理。

做子女的在这个时候，可以尽量协助父母**回忆起过去曾有的美好回忆**，也许是小时候父母带给我们的美好经历、父母曾经做过且值得肯定的事迹、你最感谢父母的地方、你印象最深刻的家庭旅行，等等。对年长的双亲来说，**当外在成就不明显时，子女对他们的肯定与认同，绝对是支持他们有信心和动力继续前行的关键**。协助父母从过去的经验中，找出做得不错且能持续进行的事情，鼓励他们继续发展。

在叙事疗法、戏剧疗法及许多咨询学派领域中，也有许多方法可以协助年长者整理自己的经验，如请父母写下关于重要记忆的回忆录，书写本身就会带来沉淀整理的功能。（可参考第五章第四节关于叙事疗法的练习内容）。

## 为父母建立需要的社会支持

当父母年长时，很自然会需要情感上的关心与联结，他们需要感受到被关心、被爱护、被尊重和被重视，同时也需要有一个可以互相沟通和承担义务的人际网络，这就是**社会支持（social support）**的重要性。

社会支持对年长者的健康和幸福有下列三方面的影响：

1. **社会支持中包含“有意义的社会联系”，可以减少年长者的孤独感。在晚年生活中有同伴的人，会感到被尊重、有价值，并有较高的生活满意度。**
2. **照顾年长者的人（熟悉的人），会提供持续的关爱、建议、饮食、健**

**康照护、经济支持和日常帮助，这些都能满足年长者的关键需求。**

**3. 当有这样的支持系统时，会降低年长者的压力，也能让他们的状况随时被了解。**

由于我们自身还有许多其他责任与工作，有些时候除我们自己担任主要照顾者角色外，还要寻找外界资源来协助。现在政府和民间都开始重视老年人的身心发展状况，许多地区的老龄中心、社区活动中心、读书会等，都有很多资源可以提供协助。

**老年期是一个“放下”的阶段**，放下老朋友的离开、放下过去的角色、放下曾经充满意义的工作，甚至不得不放下以前喜欢的东西或爱好。必须承认，这不是件容易的事。身边重要亲人的陪伴与引导，可以协助年长者感受到被关怀与支持，也要鼓励他们接受必须适度依赖家人的现状，更要引导他们去思考，**还能做些什么**让现在的状况更令自己舒服与满意。不管日子还有多长，总是可以**专注在如何让现在的状况更舒服**、**更自在**，让生活拥有**更多的可能性**。

Note

# 第三章

# 认知心理学与感知心理学

这一章要谈的是**我们所感知到的世界，我们所看到、所诠释的世界，是怎么来的，又是怎么影响我们的**。

我们会从传统的**认知心理学**来探讨人是怎样**感知外在环境的信息刺激**（如光线、声音、触觉等），以及这些信息怎样储存在我们身体中；再从 NLP（**神经语言学**）的内容来看有哪些因素会影响我们看待世界的角度；接着再看**戏剧与戏剧疗法**中呈现出来的“模拟世界”对我们的影响，以及潜意识的世界对我们生活的影响；最后看到包含**音乐、色彩等艺术元素**，与我们生活的关联性。

因为是从理性意识的认知心理学跨越到感性的戏剧与艺术表达，乃至内在潜意识世界等领域，目前还没有最适合的统称，就姑且先以**“感知心理学”**来统称本章的整体概念。

# 第一节

# 探讨知觉、记忆、学习理解、语言、推理决策和问题解决的认知心理学

## 认知心理学涵盖我们所感知到的外在世界

我们是通过五感（视觉、听觉、触觉、味觉、嗅觉）来感知外界的各种信息。当我们走在路上，看到熟人会打招呼；听到司机按喇叭会转头去看；闻到路旁飘来很香的面包味或烤肉味，会忍不住去寻找香味的来源，这些都是我们习以为常的事情。为什么我们会有这些反应，我们的行为背后有哪些运作机制？

这些都是认知心理学探讨的议题，从我们怎样**感知外在环境的信息刺激**（如光线、声音、触觉等），到**这些信息怎样储存**在我们身体中，对我们产生影响，乃至影响我们的**知觉、记忆、学习、语言、理解、推理、决策、思考和问题解决**等历程。

例如，当我们看到物体后，会有短暂的视觉影像记忆储存，但时间不长，这叫**视觉暂留**，电影和卡通就是利用这个原理设计的。听觉信息也有短暂的**回声记忆**，如有人大叫“王一小一明”，如果听的人没有回声记忆，听到“小”的时候就忘了“王”，便无法得知他在叫谁了。

大家常会看到的**“两可图”**（同一张图中呈现出两种不同的图案）或很多视觉错觉的图片，也都是认知心理学所探讨的范畴。这些都在告诉我们，**眼睛所**

**看见的，不一定就是真正的世界，会因我们过去的经验或主观诠释而有所偏差。**

▶ 可以看到“人脸”和“杯子”两种图案。若看到的是人脸，杯子就变成背景；看到杯子时，人脸则是背景。

▶ “左氏错觉”：图中五条黑线是平行的，但是因为受到羽毛状背景的影响，所以看起来像不平行。

“信息处理模式”是认知心理学的主要理论架构之一，视人类为主动的信息处理者，探讨人类凭感官接收信息、储存资讯及提取和运用信息等不同阶段的内容。认知心理学希望**通过精确分析每个人内在认知的事件和知识，来了解并预测人的行为**。例如，分析人们解决问题的历程，就能知道为什么有些人可以很快速地解决问题，有些人却不行。这方面的研究能够帮助我们做出更好、更快的决策。

## 一窥记忆的多种面貌

在生活中，每个家长都希望自己的孩子有很好的学习能力与记忆力，很多人也希望自己能一目十行、过目不忘。因此有许多的记忆术、记忆法、学习法，都在系统化的教大家怎样学习最有效。

**记忆是认知心理学中最重要的研究主题之一**，因为人类所有的后天学习，都是以记忆为基础的。如果没有记忆，怎么根据以前所学到的经验来诠释现在遇到的人、事、物？也就没办法预测未来或做出计划。有些人因为脑部受损而无法记忆，他们的学习能力和生活能力都会大受影响。认知心理学的研究，让人们能对症下药，设计出好的记忆方法。

想要发挥记忆力，把事情牢牢记住，有下列三个阶段：

1. **输入（编码）：先从外界学到东西（将外界物理刺激，转变为内在抽象形式的心理表征，以便处理与记忆，可以是视觉图像、声音或感觉、意义等），让这些资讯在神经系统中留下记录，形成所谓记忆痕迹（memory trace），才能够开始记忆，这是信息的登录。**
2. **储存：是指将经过编码的信息转换成永久形式储存在大脑神经系统中，以供必要时提取。**
3. **提取：当有需要时，将记忆从大脑神经系统取出运用。很多时候，遗忘不见得是因为没存好，而是提取时出了问题。**

若想提高记忆，可从上述三阶段中找出需要加强的重点。这里提出两个保持良好记忆的诀窍：

1. **学习的时候，将资料系统地组织，可以帮助记忆和回忆。方法包括分类方式、关键字，或常用的心智图法等，这些都能够系统地将知识整理归类。**
2. **回忆时的生理状态、外在情境和心情，与学习时越接近，回忆的效果越好。因为编码时，会将学习当时的情境、状态、心情等特征，一起编码进去。**

记忆可分为**感官记忆**（sensory memory）、**短期记忆**（short-term memory, STM）和**长期记忆**（long-term memory, LTM）。当外界信息被感官接收时，只会短暂储存，如果我们没有意识到这个信息，那它很快就会消失（视觉数百毫秒、听觉数秒内），这是感官记忆。还有一种说法是，虽然感官记忆没有被表层意识感知与记住，但还是会被潜意识储存，仍然对我们有潜在影响。

如果信息能**引起**我们的**注意**，则会进入短期记忆，但若 **30 秒内**没有**复述**，也会很快消失。短期记忆又叫**工作记忆**，因为它可以短暂储存我们现在需要使用的信息，如拨打一个不熟悉的电话号码、输入一段文字、思考事情等。短期记忆的容量有限，一般来说大概是 7（±2）个单位（数字、片语、词、句子），**维持时间 18~30 秒**。当我们记忆一连串的项目时，**最先开始记忆**和**最后记忆**的，记得最清楚，这就是所谓的**近因效应**（recent effect）和**首因效应**（primacy effect）。

如果可以**很快复述几次**或经整理**和旧记忆产生关联**，才会进入长期记忆（被记忆超过 30 秒以上的一段时间）。

德国心理学家艾宾浩斯（Hermann Ebbinghaus）的"遗忘曲线"实验，就是最好的证明。他从实验结果中发现了一些遗忘的规律：**如果没有复习，学习后一个小时，已学会的内容会忘记 56%；一天之后，会忘记 66%；一个月之后将忘记近 80%**。这就是著名的"遗忘曲线"。

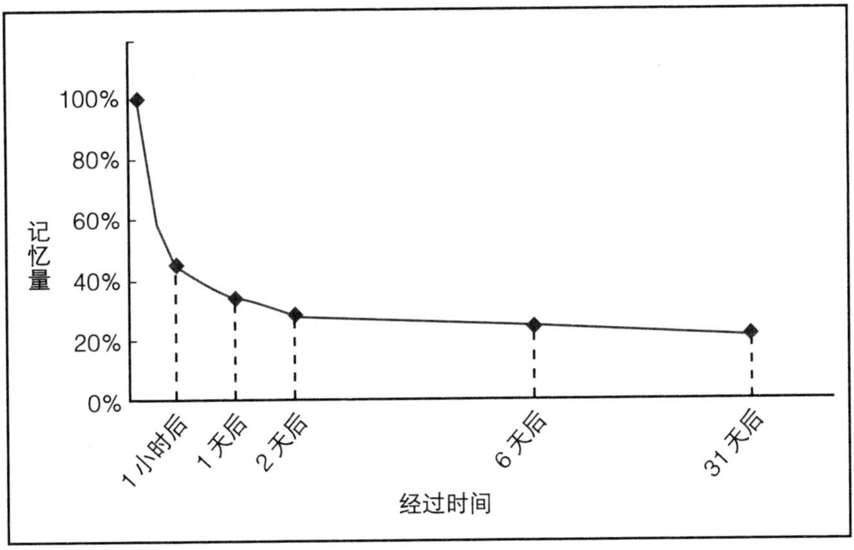


▶ 艾宾浩斯遗忘曲线

▶ **记忆遗忘与保留时间表**

| 学习后的时间 | 记忆保留百分比 | 遗忘百分比 |
|---|---|---|
| **20 分钟后** | 58% | 42% |
| **1 小时后** | 44% | 56% |
| **9 小时后** | 36% | 64% |
| **1 天后** | 34% | 66% |
| **2 天后** | 28% | 72% |
| **6 天后** | 25% | 75% |
| **31 天后** | 21% | 79% |

上面所呈现的遗忘曲线，是针对第一次新学习的内容，**如果可以在遗忘前就进行复习，遗忘的速度就会产生变化**。可看下图，灰色线表示原来的遗忘曲线，黑色线表示经过复习后，遗忘速度会变慢，也就是说，可以保持更多的记忆量。

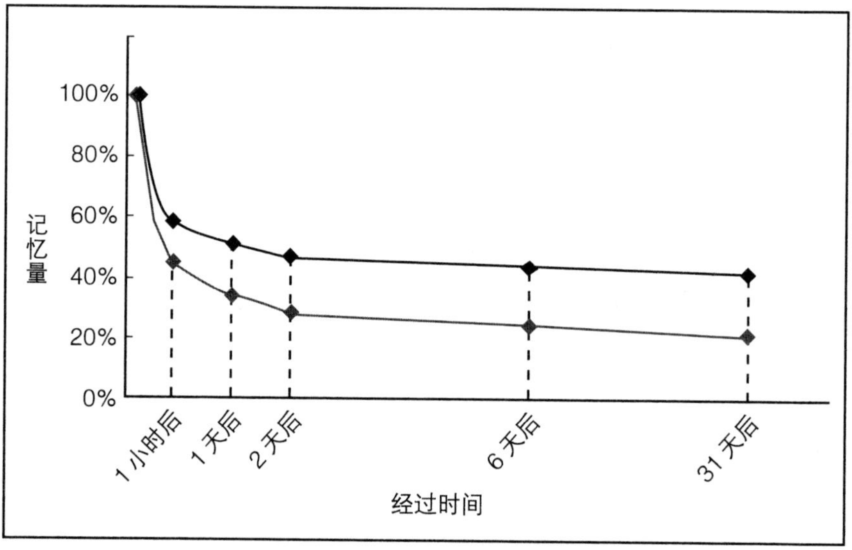


▶ 复习之后的遗忘曲线示意图

从艾宾浩斯的实验中，可以发现几个有关记忆的重要原则：

**1. 学了之后，就会开始遗忘。**

**2. 记忆有不同的生命期限，有些记忆很短，只记几分钟，有些则可以记几天甚至几个月。**

**3. 重复学习可以让记忆维持较久。**

**4. 最有效的复习是在记忆曲线急速下降时，也就是即将大量遗忘时。（学习的 1 小时内要复诵、复习）**

**5. 记忆是逐渐增强的，间歇性复习可以将遗忘速度降低，并延长记忆的时间，逐渐将学习到的短期记忆转换成长期记忆。**

这也是为什么我们常说，要把新学习的观念记住，就必须在短时间内有数次的复习（复诵），或经过思考整理，和心中旧有的知识库建立联结。

## 为什么长期记忆会遗忘

长期记忆就是我们所说的记忆，容量并没有限制，因为我们终身都可以学习、记忆。

为什么长期记忆会有遗忘现象呢？原因有几种说法，**第一种是“痕迹消退论”**，就是随着时间的消逝，因长期没用到，所以神经联结变弱，记忆痕迹会渐渐变弱、变淡；**第二种是“干扰论”**，就是被相关的其他信息所影响，导致遗忘。比如，搬新家后，忘了旧家的电话号码，或是只记得旧家的电话号码，忘了新家的电话号码。**第三种跟“提取”有关**，就是我们储存时的情境和方式与提取时不同，以致没有办法马上联结。

**第四种跟生理受损有关**，如果是脑部生理受伤或疾病引起的失忆症，可以分成**顺行性失忆症**（忘记受伤后发生的事情）、**逆行性失忆症**（忘记受伤前的事）。通常比较久远的事情能较早地恢复记忆，比较近期的回忆则较晚或无法恢复。

经心理学家研究发现，失忆症患者受损的通常是**外显记忆**，是我们可以意识到和用语言表达出的**陈述性记忆**；而比较不受影响的是**内隐记忆**，是无法陈述、技能性的**程序性记忆**（如骑脚踏车、开车、游泳的能力）。

陈述性记忆可以分为事件记忆和语意记忆。**事件记忆**（episodic memory）是储存个人经验及在特定时间和地点发生的事件或情节。当我们需要回忆在特定时间或情境下发生的某件事时，我们使用的就是事件记忆，如记得昨天在街上遇见了某个人。

**语意记忆**（semantic memory）则不涉及特定时间和地点。比如，我们知道咖啡厅是休闲聚会聊天的地方，就是对“咖啡厅”这个概念的语意记忆。所以事件记忆和语意记忆都是一种陈述性记忆，我们不但可以意识到这些记忆，还可以用语言描述。

## 注意力容量会影响我们的反应效率

因为感官记忆所储存的信息，如果没有特别注意，很快就会遗忘，所以“注意力”扮演着很重要的角色。把**注意力专注在哪里，那部分的信息就会特别被放大**、被重视、被记忆。

注意力的容量理论，是指我们注意力的容量有限，要完成不同难度的任务，会占用不同资源。比较难的工作需要全神贯注、会耗费比较多的资源，工作时就没有余力做其他的事；比较简单的事情，不需要耗费太多资源，所以进行时可以同时处理其他事件。一个工作（流程）需要花多少注意力，与从事者的熟练度相关。比如，开车十多年的驾驶员，可以边开车边聊天，新手上路则是小心翼翼。

▶ 我们的注意力专注在哪里，那部分的信息就会特别被放大，如肚子饿时，就会特别注意和“食物”有关的信息。

假设有人一边读书一边听音乐，如果研读的内容很简单，也许就能在看书的同时哼着音乐；如果研读的内容很艰涩，他可能就会觉得音乐很吵。

当一件事情**熟练到完全不需要注意力**时，很容易**变成“自动化”**。所谓的**斯特普（Stroop）效应**就是认字自动化的例子。比如，当你看到用黑笔写成的“红色”两个字，而有人问你：“看到什么颜色的字？”时，你很可能会受到干扰，而回答：“红色”。这就是“自动化反应”。

自动化反应通常对我们是好的，可以节省我们的反应时间和反应资源，但有时也可能造成干扰。比如，我平常会骑车，也会开车，通常骑车回家会走小路，有一次开车时因为正在想事情，就直接转到小路去，直到卡在路口开不进去时，才想起自己在开车，只好再绕一次。

**注意力和睡眠也有关系**。在睡梦中，有的人容易收到外界信息，就会容易浅眠；有的人睡得较沉，接收到的外界信息就比较弱，不易受到干扰。根据**信息减弱模式**，我们可以告诉自己，试着选择性地减弱某些信息，而专注于另一项特定信息。比如，刻意忽略嘈杂的车声，或婴儿的哭声。这个方法常常被运用在催眠放松的过程中。

## 自我成长练习

### 善用有效的记忆方法，提升学习效果

记忆系统包含“语言”和“视觉”这两种有区别但也互相关联的系统。视觉的心理图像，可以帮助记忆。很多记忆术就是通过心理图像来记忆的。

◎ 位置法

将你熟悉的一个空间内的物品，依序从1~10进行编号，并且在脑中不断熟记。每样编号的物品都是一个“提取记忆的挂钩”，可与要记忆的内容物逐一联结。

例如：

将家中客厅内的物品依序编号——**“1 大门”**，**“2 电视”**，**“3 电视柜”**，**“4 茶几”**。假设你要采购的物品是——**青菜、啤酒、蛋糕、苹果**，就可以想象大门的门把上挂着一把翠绿的青菜、电视里突然冒出很多啤酒罐和泡泡、电视柜上到处都是蛋糕的奶油，而茶几上有几个苹果。

▶ 按照编号顺序，通过联想的方式来记忆采购清单。

◎ 记忆小诀窍

1.经常复诵，可以增加记忆中的联结。

2.分散练习效果，优于集中练习。

3.将信息变成有意义的组合，较容易记忆。比如，编个有意义且朗朗上口的口诀。

# 第二节

# 从 NLP 看我们感知的世界

心理学主流学派从行为主义后，会在 20 世纪 50 年代开始兴起认知心理学的发展，是因为当时受到另外三个领域（电脑科学、信息理论、语言学）的影响。由于电脑科学开始发展，能协助人们快速完成许多事，如学习、储存、操作信息、使用语言、推理、解决问题等。这些领域的发展，让心理学家开始注意与关心——电脑内的程式所具有的内在处理过程与结构和人类内在过程是否一样？而电脑企图创造**人工智能**所必须钻研的信息处理过程，让心理学家可以用新的方法和技巧来看待人的行为，也重新对人类更高层次的心智结构和心理过程产生兴趣。因此，认知心理学在当时成为研究主流。

在这样的时代背景下，难怪会出现接下来要谈的这个实用学派——**NLP（Neuro Linguistic Programming）神经语言学**。

NLP 创始于 20 世纪 70 年代，当时有两位怪才**电脑工程学家**理查德·班德勒（Richard Bandler）和**语言学家**约翰·格瑞德（John Grinder），在长期参与完形治疗大师弗列兹·皮尔斯（Fritz Perls）、家族治疗大师维吉尼亚·萨提亚（Virginia Satir）、催眠治疗大师米尔顿·艾瑞克森（Milton Erickson）和专攻人类学与沟通理论的格雷戈里·贝特森（Gregory Bateson）等大师的工作中，将他们的说话方式、行动模式、无意识下的行为，以及他们所擅长的各种沟通、引导、助人方法，加以分析、结构、系统化，目的是要了解“**为**

**什么他们可以做得如此有效”“他们怎么做到的”**。再融入语言学、心理学、沟通论、程序结构、精神生理学等，成为一套实用好学、人人可运用的理论基础。

## 有效比有道理重要的实用主义心理学

如同前面所说，当时也正是心理学学术界受到电脑科学、信息理论和语言学三个领域的影响，转而深入探讨认知心理学的时代。我曾看到理查德·班德勒在一本书的自序中说，当时是百家争鸣，有超过 50 个心理学派的理论与应用，都说自己的方法最正确，也没有统一的结果。

而他采取的路径是，“不看哪里出问题”或“为什么有问题”，而是看**什么方法最有效**。如果有很杰出的治疗师成功治好某人，他就去看治疗师实际上做了些什么；如果有人自己解决了问题，他就研究过程中发生什么事。于是，**有效比有道理重要**，就是他一直相信的信念，这也是很典型的**实用主义论**的主张。

相信大家看到这里，就不难理解为什么我会说，每个心理学流派的发展，乃至临床或实务上的应用，都与当时的社会变化息息相关。这也是为什么我会将 NLP 放在这部分的原因。**NLP 包含了许多实用的理论与操作方法**，在这数十年来，不断在欧美与世界各地被自我成长、教育、医疗、心理疗愈、商务、体育和艺术等各种领域的专业人士运用在工作中。

在 NLP 中，包含了很多内容，诸如表象系统、次感元、心锚、卓越圈、时间线、迪士尼策略、yes-no 信号、语言的运用、米尔顿催眠模式与引导暗示等可见内容的丰富。因为篇幅有限，我会在本章先简述一部分，另外也会在本书的不同章节，补充一些与该主题相关，又很容易使用的 NLP 概念或方法，如第一章第三节中提到的表象系统、建立亲和感，及第七章的眼睛线索解读等，都是 NLP 的概念与方法。

## 改变内心世界的“次感元转换”

前面提到，我们对于外界信息的接收，是通过视、听、触、味、嗅五种感官（感元），**这五种感官还可以再往下细分出许多不同的构成要素，称为次感元**。比如，关于视觉的要素中，还有明暗、色彩、大小、距离远近等次感元；听觉次感元有大小声音、旋律、音调高低、节奏快慢等；触觉次感元有温度高低、压力大小、松紧等。当我们在回忆时，如果脑中有出现影像画面，可以去注意画面的明暗、清楚模糊、画面远近、有无色彩等细节。如果回忆起过去曾听过的声音，通常也会有音量的大小、远近、频率高低、方向等差别。

我们走在街上所看到的街景，是外（在）视觉；回忆以前走在路上时，脑中所浮现的画面，则是内（在）视觉。听到现在街上的声音，是外听觉；听到内心回忆时的声音，是内听觉。触觉、感觉、味觉、嗅觉等感受，也都是如此。

当我们在**回忆过去**的事情时，其实事情本身在当下此刻并不存在，一切都存在我们的记忆中，并**通过内在的次感元储存**。所以当我们**调整那件事情原本带给我们的次感元，就可以改变心中的感受**。这也是 NLP 或催眠疗愈可以帮助人们改变调整的原理。

比如，想到一件过去不太开心的事情时，也许你脑中会浮现一些画面（某个场景或某些人），也许会浮现当时的一些对话和声音，当时的感受也可能突然涌现。你可以试着去调整画面中的次感元，把画面调亮一点、拉远一点，或者将声音做点改变，看看前后的感觉有什么差别。

▶ 想到过去不愉快的记忆时，试着把脑中浮现的画面调暗、拉远。

举个例子，曾有位朋友找我谈话，说她和妈妈的关系很不好，因为从小妈妈对待她的方式常是辱骂、嘲笑、指责，甚至动手责打。当她回想起妈妈时，觉得脑中浮现的画面就在眼前，离自己很近、很大；当时的声音就在耳边，很大声且持续不断；甚至还觉得有种快要窒息、喘不过气的感觉（身体触觉）。所以我让她赶快把画面调暗、调远，渐渐淡出到看不见；把声音调到最远、最小、几乎听不到，直到完全听不到；把窒息的感觉移出身体外，丢得远远的，然后她才觉得比较舒服。之后她跟我说，那天之后，自己就比较放松了，睡眠品质也好了很多。由此可见次感元对我们的影响。

如同第一章第三节中所说，每个人都有自己偏好的信息接收方式，有人是以视觉接收多一点，有人是以声音接收多一点，也有人是以内在感觉接收多一点。因此，**在你回忆的同时，可多留意自己的感受，看看哪种感官会浮现较多的信息**。（可参考第一章第三节的练习）

次感元调整在 NLP 中，是很重要的观念与练习。有很多西方新时代系统的冥想法，或对光的观想、天使的观想中，都会运用到次感元的练习与描述。

## “当局者模式”与“旁观者模式”

在次感元的练习中，有两种进入模式，一种是保持距离的**“旁观者模式”**，就是当你在回忆过去时，**看过去的场景就像看电影一样，可以在画面中看到自己**，所以会跟自己保持一段距离，当回想起较不愉快的记忆时，可以采用旁观者模式，让自己比较舒服，也比较安全。

另一种则是用**第一人称视角来回忆过去**，仿佛整个人已融入“当时的自己”之中，好像身临其境一样，会亲身看到、听到与感觉到当时的情况，叫**“当局者模式”**。

对于愉快的回忆，我们可以闭上眼睛，请求潜意识，让我们无论在何时，只要想起这些回忆时，都自动采用“当局者模式”，融入当时的情景当中，让愉快的经验成为我们的正能量来源。对于不舒服的回忆，则请求潜意识让我们在回想时自动进入“旁观者模式”，与那些不愉快的经验，保持一段安全距离，再慢慢转化。

当然，因为每个人有不同的故事，在调整时，要以自己当时的感受为依据，只要调整之后情况有变好，那就是好的。这样的选择与调整，可以帮助自己发挥最佳状态。

## 运用“防弹衣法”给自己最佳防护

在许多情绪管理或主管领导的课程中，常常听到学员谈起，不论在办公室或是家中，都有着隐藏的“情绪炸弹”，总是会无预警地爆发，造成自己或他人的困扰。这时，可以试着使用防弹衣法。

### Step1

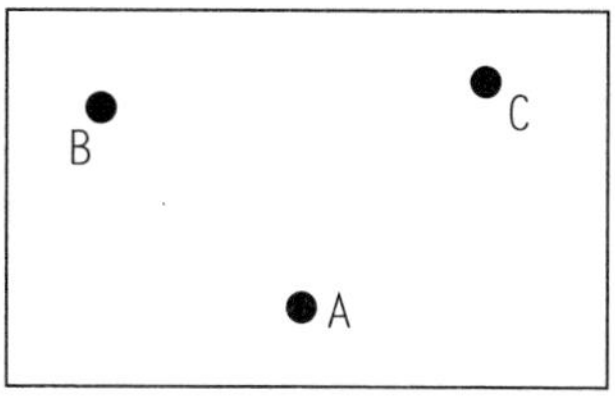


先在房间中设定 A、B、C 三个定点（圈圈），**A 点是你站（坐）的位子，B 点是一个让你不舒服的情境，C 点是你穿着防弹衣，处于 100% 被保护的状态。**

### Step2

**先进到 B 点，以“当局者模式”的方式去感受那个不舒服的情境或事件**，看见你当时看见的，听见你当时听见的，感觉到你当时感觉到的。当彻底感觉到后，再让自己脱离那个感觉（可以全身随意摆动，通过身体的变化让自己脱离本来的状态），接着回到 A 点。（请注意挑选的事件内容，让自己感到不舒服的强度，不要超过中等强度，以免过度影响。）

### Step3

1. 让自己进到 C 点，感觉自己穿上一件最新科技的能量型防弹衣，能包覆你的全身，又相当轻薄、舒适、透气。感觉这件防弹衣带给你一层很强的能量，保护在你外面，将外界的干扰、情绪和噪声都阻隔在外，使你丝毫不受影响。而且，这个防弹衣的效果还可以因外在刺激强度而持续增强。

2. 准备好后，带着这个感觉，直接走入 B 点。去体验一下原本不舒服的情绪或压力，在前后有什么差别。

## Step4

1. **若进到 B 点后，发现原本不舒服的感觉已经消失，就表示你的设定很成功**。接着离开 B 点，全身动一动，让自己脱离原本的状态。以后在生活中遇到“情绪炸弹”时，便能这样操作。
2. **若进到 B 点后，原本的不舒服减轻很多，变得很轻微，表示设定得还算可以**。走出 B 点后，全身动一动，让自己脱离原本的状态。接着，再从头练习几次，穿上防弹衣，加强保护效果后，再次走到 B 点试试。可反复练习，直到走入 B 点时觉得不受影响为止。
3. **若进到 B 点后，原本的不舒服还是很强烈，表示设定得可能还不够**。同样让自己先走出 B 点，全身动一动，脱离原本的状态。接着重复几次防弹衣练习，加强保护效果后，再次走到 B 点试试。如果还是没有差太多，请先暂缓练习。然后**幻想有一道保护你的光束，来自天上**，像是阳光，**带给你保护，给你温暖与遮蔽。将一切好的留下，将负面的影响排出、带走**。

## 运用心锚，随时召唤“正能量状态”

“心锚”也是一个很好用的方法，其基本原理与俄国心理学家著名的**“条件反射”**实验密切相关——如果在每次喂狗之前都先摇铃，一段时间后，即使没有拿食物出来，只要一摇铃，狗还是会流口水，表示狗已经对铃声产生“制约”反应。而人也会有类似的条件反射，**在 NLP 中就被命名为“心锚”**。

在我们生活中很自然会形成心锚。比如，看到红灯就立刻停下来；看到以前出游的照片便马上想起当时的感觉，这是**视觉心锚**。

当别人一叫你的名字，你马上会有反应；听到过去失恋时常听到的歌，心中立刻浮现当时的感受，这是**听觉心锚**。

闻到咖啡味而突然想喝咖啡；闻到刚出炉的面包香味就突然想吃面包，这些是味觉心锚。拥抱、摸头、拍肩膀，则可能创造出**触觉心锚**。

过去的成功经验、被鼓励的经验，或者很快乐的经验，都是我们拥有正能量的状态，可以将这些状态设定为正能量心锚。当我们处在能量不佳的状态时，随时都能启用正能量心锚，用过去的正向经验来激励现在的自己。

**自我成长练习**

### 设定你的正能量心锚

1. 找一个安静舒服的空间，回想一次过去很开心、很成功的经验。
2. 以“当局者模式”融入那个经验中，看见自己当时所看见的、听见当时所听见的、感觉当时所感觉到的。
3. 晃动一下全身（打破原本的状态，让自己归零）。
4. 设定一个平常较少会做的动作，当作“心锚动作”，如将手用力握拳、拇指顶住食指指节，等等。

5. 重新融入那个正向的成功经验中，当感觉到自己的能量已经很饱满时，就做出心锚动作，维持数秒，然后再放松。

6. 重复练习几次，直到“只要一做动作就唤起感觉”，即完成设定。

7. 接着，回想一个曾经让自己不开心的经验（强度比原先的正向经验弱），当不舒服的感觉出现后，做一次自己的心锚动作，会发现不舒服的感受已被正能量的感觉慢慢取代、减轻，然后消失不见。

▶ 回想正向的成功经验，并设定心锚动作。

8. 测试完毕后，可以让自己多想一些正向、成功的经验，累加在同一个心锚动作中，这样会成为一个具有“丰富正向成功经验状态”的心锚动作，可以协助你迅速转化状态。

# 第三节

# 演出你的幸福剧本：戏剧、戏剧疗法与幸福人生

戏剧和电影，与我们的生活息息相关，几乎已经密不可分。不少人下班后的休闲活动，就是打开电视看电视剧，不管是韩剧、日剧、美剧还是国产剧，从《步步惊心》《后宫甄嬛传》到《来自星星的你》常常每隔一段时间就会出现一部突然走红的电视剧。而大银幕电影也有脍炙人口、赚人热泪的作品。

另外大家耳熟能详的各个剧团，也常推出许多令人印象深刻的好戏。

为什么这些电影、电视剧和舞台剧能够如此地扣人心弦？因为其中往往**有很多与真实生活相呼应的场景、角色、对话**，也许让我们想到自己的成长过程，也许呼应着我们的文化背景，也许使我们想起自己与父母的关系，也许与现在的工作处境有关，或者让我们想起一些尚未完成的梦想，甚至弥补了我们心中无法实现的心愿或遗憾。我们所看到的故事，都会和我们自己的故事相联系，融入我们的生活。

## 通过戏剧，开启生活体验的无限可能

戏剧的奇妙之处在于，**“舞台”会为我们带来超越生活限制的自由和机会**。在日常生活中，周边的人已经习惯用固定的方式和我们相处，我

们也有着既定的习惯和行为模式。借着戏剧，可以试着“重新开始”，自由尝试新的可能性，有时候往往是心里潜藏很久的呼唤。在**戏剧的游戏与角色扮演中，我们有机会看到新的行动模式，学习用不同的方式与人产生新的互动**。这会是一个安全的尝试，我们可以把这样的能力，带回生活中运用。

当你表演自己的梦想，在戏剧中实现梦想，便能让原本只留在脑中的想象，成为真实的经历。如同上一个单元所提的（在第五章第三节还会提到），次感元也可以让我们在脑中模拟完成梦想的过程（时间线上的“未来”），这是一种心像。因为现在的脑科学仪器与科技研究相当发达，通过 fMRI（功能性核磁共振成像）可以看到大脑内部的活动区域，而研究发现，**在脑中想象完成一件事的过程，与实际去完成这件事，在脑中的反应机制是一样的。想象，本身就有力量**。

我们在潜意识的梦中所经历的事情，甚至是梦到愿望已达成，虽然都是潜意识的运作，但对于我们的大脑和身体，却仿佛是真的发生过。比如，我曾经梦到好友受欺负，真实到让我骂出了一句话而猛然醒来，才发现刚刚是在做梦。

戏剧演出也能达到类似的效果，当你真的很入戏时，你表现出的动作、对话或想法，同样会对大脑和身体产生冲击，仿佛事情真的发生，会成为你生命经验的一部分。通过演出过程中与他人的互动，你更能亲身体会别人对你的回应与鼓励，也能明白还有哪些可以加强与注意的地方。

不论是什么形式的“戏剧”，都介于幻想与真实之间，虽然呈现的方式是**虚构**的（剧情、角色），但过程中所有观众与参与者的情感反应，都是**真实**的。因为剧情是虚构的，所以能带来安全的距离感，保护我们害怕呈现出的真实面貌，也帮我们碰触到生活中还没有被发掘的潜在面，还能让我们尝试改变旧的行为模式、练习新的行为或特质，并且练习表达与接受情绪。

又因为情感是真实的，演员们容易入戏太深，演完戏后，可能需要花一段时间才能从角色的情绪中抽离出来。

**通过戏剧，既可以呈现现在与过去的自己**，也可以在虚构的情景中进行试验，**让这些新的尝试，成为自己未来的特质**。若我们在戏剧里尝试新的回应方式，在真实生活中也可以试着这样做。

想想看，你在生活和工作中，扮演的是哪种角色呢？是一个严肃权威的老板？老好人般的主管？利落有条理的整合者？或是和谐气氛的协调者？

在你所扮演的不同角色中，是否有一些变化，或者都是固定的模式？有时候也许可以尝试换个角色演演看，你将发现不同的视角和观点。每当父子吵架、母女意见不合，或夫妻之间产生冲突时，都可以试着站在对方的立场，看看有什么发现。这就是所谓的**角色转换**（换位思考）。

曾经有位父亲与我谈到管教儿子的方式以及他对儿子的期待，说出许多对儿子的要求和责骂。我听到一个段落，停下来问他："你觉得你儿子会怎么形容自己的爸爸？他眼中的你是什么样子？"他突然愣住了，然后眼眶泛红地说："我儿子可能会觉得爸爸很难取悦、很严肃，也很不开心吧！"这时，他和我都知道，他与儿子的相处方式即将有所改变。这就是戏剧中"角色转换"的特色及好处。

## 戏剧能带来触动和疗愈

我曾经去看已故的戏剧大师李国修老师所导演的《女儿红》，在演出中，许多观众都热泪盈眶，有着满满的触动。国修老师以自己的故事为基底，在舞台上呈现出母亲与自己的寻根历程，除了他本人之外，现场的所有演员和观众，同样能**在戏剧中得到释放与疗愈**。当我们在观赏电影、电视剧或舞台剧时，若能有所触动和觉察，都会带来疗愈，也能培养自己的感受力。

当然，戏剧和电影虽然具有疗愈效果，但严格来说，只有由受过专业训练的治疗师所进行的戏剧治疗历程与演出，才能算是戏剧疗法。**所谓戏剧疗法是有意地、系统化地将戏剧与剧场作为治疗媒介，利用戏剧的历程，协助人们舒缓社会与心理上的难题，促成心理成长与改变**。在现有的咨询或治疗学派中，有许多是以较安静、理性的沟通对话为主，而戏剧疗法提供了一种整个人需要全然投入的（包含身体的、情境的、感受的、行为的）互动过程，能让我们更真实地呈现自己，在行动中清楚地看见自己。

很多人会误以为戏剧疗法一定要会演戏，其实戏剧疗法是提供一个场景，让我们可以很自在地展现自己，当成员彼此间有足够的信任与默契时，再慢慢呈现自己的故事。所以，参加者只要自在地做自己、扮演好自己就可以了，大可不必有压力。

美国戏剧治疗先驱蕾妮·伊姆娜（Renee Emunah）将戏剧治疗过程整理为**戏剧性游戏、情景演出、角色扮演、演出高峰、戏剧性仪式**五个阶段。在其中我只挑一些较生活化的内容来做介绍。

## 戏剧性游戏为我们带来童真的自在与欢乐

借由轻松有趣的“戏剧性游戏”（dramatic play），在第一阶段先建立一个创意无限、活泼快乐的环境，让每个参与者重现孩提时自由玩耍的可能，而不是要去演戏，避免有演出的压力，**鼓励成员如同孩子般的自发、互动，恢复孩童般的欢乐心情**。其中包含剧场游戏、戏偶（娃娃）、说故事、即兴表演和角色扮演等。心理学大师艾瑞克森（Eric Erickson）曾说，**戏剧游戏是孩子最自然的自我治疗**。举个简单的例子，幼儿们最喜欢玩的过家家，就是一种角色扮演和生活情景模拟的戏剧游戏。

也可以**善用玩偶（娃娃）与孩子互动**。比如，挑一个娃娃（可以替娃娃取个名字），挡在我们的脸前面，以这个娃娃和孩子对话、互动，孩子会很喜欢。若是手或手指可操控的娃娃，效果更好。用玩偶可以带出一点距离，以投射的方式来表达想要沟通的内容，这样能带来安全感和转化的效果。比如，用小飞象玩偶和孩子玩自我介绍与说故事，引导孩子进入想象世界。

戏剧游戏有很多，除了戏剧治疗之外，也可应用于团队活动，能让团体气氛活跃，拉近大家的距离。我在进行企业团队共识训练时，就会通过各种戏剧游戏来达到暖身和凝聚士气的效果。比如，“物以类聚”游戏——请大家快速找到“和自己特质相同的人”，先在活动空间里随意走动，再下指令：“请找到跟你同星座的人”“请找到跟你出生地相同的人”“请找到跟你同血型的人”“请找到跟你爱吃同一种小吃的人”……这个活动可以让团体成员迅速找出彼此的联结与认同感。我也曾经设计这样的团队课程——在最后的一个半小时内，通过面具、舞台妆和肢体动作，让参与的成员即兴体验“成为摇滚明星”的感染力。彩妆和面具能带来安全感，可以让人尝试原本不熟悉的行为模式。这个活动带来的效果，让当时的参与者和他们的老板，都感到不可思议。

## 自我成长练习

### 善用“情景模拟戏剧游戏”，带孩子进入想象世界

这个“情景模拟戏剧游戏”，不只有助于开发孩子的想象力，对大人的肢体语言表达也很有用。我在为企业内训学员上非语言沟通课时，有时也会拿来当作练习，相当有趣。无论大人或小孩，都能通过肢体语言和表情来展现创意、体验不同的世界，其中一个情

境，我叫它“海底世界”。

## ◎ 情境赋予与说明

一开始要先赋予一个适合对象的情境，如带大家来到一个充满魔法和想象力的世界，要大家尽情展现身体动作和表情，仿佛真的置身于海底世界。

## ◎ 在不同角色间转换，能呈现性格特质

1. 让团体中的成员（小孩或成人）想象自己是一株水草，好像水草一样原地摆荡。再加入情境，感觉到海浪越来越大，水草跟着摆荡，接着好像被台风吹起，整根被卷走、漂在大海上……
2. 现在变成一条热带鱼，想象你是一条热带鱼。你是哪种个性的热带鱼呢？如果你现在是一条很害羞的热带鱼，你会如何呈现？如果你是一条热情的热带鱼，你会如何呈现？（让参与者呈现出各种不同性格的动物）
3. 现在，你又变成一只水母，会是怎么样的水母呢？你现在是一只会到处放电的水母（参与者就要到处伸出触手，向身边伙伴放电，这时全场会陷入一片欢乐与混乱）。

## ◎ 带领技巧

1. 可自行设计不同的动物角色、性格与互动情境。
2. 最后设计一个带有意义的情境结尾，如所有的海洋生物，互相鼓励、支持，面对风雨持续往前。
3. 海底世界也可以变成草原世界、外太空世界等各种不同情境的世界，重点在于情境背后想要传递和达到的活动目的。

## 我们奋斗的真实故事，能带来向前的坚定力量

**经由戏剧游戏暖身后，整个治疗历程来到第二阶段的“情景演出”**。治疗师会开始让成员尝试扮演不同角色，不同角色的尝试有助于扩展个人各方面的发展，增加与他人的联系感，这也是戏剧疗法的基础。这个阶段的关键是表达与沟通、团体合作、性格角色发展、适度自我坦露，等等。

比如，有个练习叫**“情景感染”**，请A先开始表演，进行某种活动，当B知道A在做什么（或在哪里）时，就可以通过某个角色或动作加入其中；其他人可以稍后逐一加入。当第二个人加入后，就可以开始有语言的互动。既好玩，又能激发团体创意的活动，每个人都可以自发地加入剧情，并回应其他人的创意。举例来说，A首先演出“看报纸”，B跑进来扮演服务生帮他倒茶，C突然加进来扮演A的小孩，要爸爸去买蛋糕给他吃。随着成员的创意，剧情会出现不同的发展，直到最后一个人加入为止。

在过程中，所有成员可以在轻松的氛围中发挥创意，呈现各种角色性格。也将发现，用自己最自然的样子来“扮演”，就会很有“笑”果。

第三个阶段是**“角色扮演”**，让大家开始从想象的情节慢慢进入真实情境中，有些生活中的议题与情境，便会逐渐浮现，能让我们重新检视自己在生活中的角色、关系和冲突，进而做出更深刻的反思。

第四个阶段是**“演出高峰”**，当团体间的凝聚支持力、自我坦露与情感释放都达到一定程度后，团体疗法的氛围就会达到高峰。许多故事会在此阶段呈现出来，既可以展现于内部的团体成员之间，也可以是对外的公开成果演出。若是对外公开演出，除组织细节与宣传外，还要在不同层次上带给观众共鸣和启发。到了对外演出的谢幕之时，也会是最高峰的时刻。在我学习戏剧疗法的那些年，曾和当时的团队伙伴共同成立了儿童公益剧团，从行政、

宣传到演员训练，不论在前台、后台，或是粉墨登场上台演出，都是至今令我难忘的一段生命历程。

第五个阶段 **“戏剧性仪式”**，代表一种里程碑，以仪式来表达祝福、庆祝、完结、成长等意义。可以通过图像、隐喻、诗词、故事、歌舞动作等各种创意或自发性的方式来表达。

**每个人背后都有无数个真实故事**，当这些故事在戏剧疗法中一幕幕浮现时，便能看到每个人为生命所做出的努力、挣扎、突破，这往往是最让人触动的，也能为彼此带来疗愈，使人拥有更坚定的力量。分享完彼此的故事、擦干眼泪、相互支持拥抱之后，再重新上路，继续我们“幸福、快乐、向前走”的人生路途。

## 自我成长练习

### 独幕剧

“独幕剧”（Solo）是我很喜欢的一种练习。这个练习能让我们即兴自然地在台上述说自己的故事，往往也带有沉淀心情、释放情绪的效果。进行方式就是简易地设定一个虚拟舞台（如将教室或客厅的特定区域当成舞台），让自己“上台”，说自己的故事。

不论说些什么，让自己的心情很自然地流露，最后记得让结尾有个光明的未来。在舞台上，我们好像是演员，这会带给我们某种安全感，但又能把自己的心声说出来。一旦让情感找到出口，便能找出正确的出路。

比如，有人在台上说：“我觉得最近好累，甚至不知道自己在忙什么，主管给我很多工作，我每天都得加班到很晚，因此没办法陪家里的小孩，我觉得压力好大（流泪）……我知道，我在意的是要让小孩有很好的陪伴，我也知道，我可以找机会和主管沟通，我相信，我一定能兼顾好工作和家庭的（带着泪光、微笑下台）。”经过适当的引导，每个人都可以很快地让自己放松，真正面对内心的故事。

◎ 一个人的练习方式

1. 面对镜子，看着自己写出的稿子，慢慢念出来。重复念一两次，为自己暖身。
2. 把稿子放下，对着镜子或墙壁，很自然地说出自己的故事。试试看，说完之后有什么感觉。
3. 最后，放一首自己喜欢的、能带给自己正能量的歌曲，让自己从之前的心情中，慢慢转化，演出有力量的结尾。

Note

# 第四节

# 内在潜意识的无限可能：谈催眠引导与回溯

在本章的第一节至第三节中，我们提到外在感知的世界、内在感知的世界与戏剧模拟的世界，现在我们要来看**潜意识的世界，就从“催眠”来谈起**。我在大学读心理系时，布莱恩·魏斯（Brian L. Weiss）博士的《前世今生》正方兴未艾。身边的朋友知道我读的是心理学，难免会问我“催眠”到底是什么？当时毕竟只是从书上阅读，并无亲身体验或学习，也只能简单说个模糊概念。直到工作后，体验完催眠的朋友跟我分享，我也因此第一次正式地去体验了催眠。几年后，我在工作实务上，发现很多课程背后多少都有催眠的影子，而决定追本溯源，踏入催眠的领域。

由于电视上一些节目的夸张呈现，很多人一听到催眠，首先联想到的，都是电视上的催眠秀——有一位催眠师和几位志愿者，由志愿者表演被催眠后的反应。我想，这些都是大多数人会出现的联想。然而，**催眠在个人疗愈的实务上**，尤其在欧美的治疗学派中，**扮演着相当重要的角色**，如催眠治疗的大师米尔顿·艾瑞克森（Milton Erickson），他对心理治疗实务的贡献影响深远。在我的个案工作中，也见证了许多催眠在潜意识沟通与疗愈方面的神奇效果。

## 催眠状态，是我们每天都会经历的意识状态

催眠，是一种觉察力和注意力被动集中，而又放松的**特殊意识状态**，也是在生理、心理和情绪上的放松状态。在**催眠状态中，脑波是呈现 α 波**，和平日快入睡前或即将醒过来时的状态很接近。

我们的脑波有四种振动频率状态：β 波（13~30Hz）、α 波（8~13Hz）、θ 波（4~7Hz）、δ 波（<3Hz）。在日常生活中，很清醒地进行逻辑思考和行动时，我们脑波的每秒振动频率是 13~30 次（β 波）。当脑波变慢，每秒振动 8~13 次时，就是 α 波（8~13Hz），我们平常在沉思、走神、专心听课、专注地看电影（漫画、小说）、沉浸在音乐中、将睡未睡、半梦半醒间，都很容易让脑波进入 α 波，这种状态也叫**恍惚状态**（trance state）。所以，**其实催眠状态是我们每天都会经历的意识状态**，并不是什么太神秘的东西。

当脑波处在 α 波状态下，就是处在意识和潜意识的交界，较容易触及潜意识记忆库，也比较容易接收暗示。**催眠就是催眠师通过一定的方法，让当事人的脑波处在 α 波状态下，以和当事人进行潜意识层次的沟通，并给予适当而正向的暗示、引导与疗愈的过程**。当平日我们睡觉做梦时，梦的记忆也是处于 α 波状态。

当脑波变慢，每秒振动 4~7 次时，就是 θ 波（4~7Hz），代表人进入睡梦中，或打坐禅定时的状态。当脑波变慢到每秒振动少于 3 次，就是 δ 波，此时是处于熟睡的状态。

从上面的描述可知，催眠是通过一些方法，让人进入内心深处（潜意识中），此时脑波呈现放松状态，同时又高度集中注意力（忽略外在感官信息，只会注意到催眠师引导的话语）。

当人们进入催眠状态时，会出现下列情况：

**1. 容易接受与执行“对自己有帮助的暗示”**

其实在催眠状态下，我们仍是清醒的（恍惚状态），并没有睡着（θ 波才是睡着）。所以可以听到外界的声音和感觉，也可以思考，更能抗拒催眠师的暗示。因此，大家可以放心，**我们只会接受对自己有帮助的暗示**。若是被下达对自己不利的指令，你的潜意识就会马上跳出来说“不”。

**2. 更容易接触到潜意识的所有记忆（甚至是因为伤痛而压抑或已经遗忘的记忆）**

我们的心智层次分为意识和潜意识，如同冰山一般，在海平面上的是意识层，占 10%，在海平面下的潜意识则占 90%。在我的实务经验中，通过一般理性谈话、教练谈话等方式，在意识层面可以沟通和解决的问题，都还算好处理；有些深层次的情绪、脚本，因为对我们影响太深，得在潜意识层面才能有效地清理干净。

## 留意生活中的催眠暗示

**催眠的功能之一，就是暗示和建议**，其实在日常生活中也常能看到，如广告中，为了达到宣传效果以让顾客购买，商家都会用某个诉求来打动人心。一旦顾客接受了这个诉求，受到影响而买下该产品，便可以说这个顾客已经接受了广告的建议（暗示）。

**而我们从小就从父母、师长、同学和朋友那里，接收到很多的催眠暗示，**有些是好的影响，有些是不好的影响。

请仔细地回想，之前你有没有听过以下这些话语：

| | |
|---|---|
| **负面** | 你完蛋了、你再这样就糟糕了、你真没用、你真笨 |
| **正面** | 你真的很棒、你以后一定很有出息、你表现得非常好 |

▶ 请留意生活中负面的催眠暗示（不管是给予暗示或接受暗示，都不是好事）。

在第一章第二节中提到的自我预言实现，某种程度上就是一种自我催眠暗示，越是在意，越容易受到影响。所以，我们要多留意生活中的各种催眠暗示。若暗示是好的，有助于提升我们的效率和生活，那没问题；若是**对我们有害的暗示**，就要尽量**清理干净**。例如，听到“你真没出息！”时，可以用“其实我在公司表现很棒！”来消除。

## 下决定前，请聆听潜意识的声音

前面提到，催眠是与潜意识的沟通，有时候潜意识才知道自己真正要什么。举个实际的案例，曾经有个当事人来找我谈工作和生活。在前几次谈话中，我知道她和刚交往几个月的男朋友相处得很好，也觉得男朋友很疼她，她很幸运。

可是一次谈话时，她突然说，最近发现两家人的观念和生活习惯很不一样，与其以后起冲突，不如趁现在感情还不深时，就赶快分手。我问了她一些问题，想弄清楚她是否真的打算要这么做。几个问题问下来，我发现她在理性上是真的打定主意要分手。

因为这跟我之前和她谈话时所收到的信息有很大的落差。为了慎重起见，我请她轻轻闭上眼睛，带她做一点放松引导。接着请她看看半年之后，她在做什么？她的男朋友在哪里？

结果她看到半年后，男朋友还在，他们两人一起在客厅看影集，桌上还摆着一堆零食，两人很开心、很甜蜜。于是我让她再把时间往后拉半年，她发现两个人还是持续很开心地交往。我问她，原本在意的“两家人观念不同”这件事呢？她回答已经解决了，没问题。

当我把她从催眠中唤醒时，她很讶异，怎么会前一秒还理性地说要分手，后一秒闭上眼睛后，潜意识的答案就会大反转。后来，他们的交往相当顺利，一年多以后步入礼堂，过着幸福的生活。

这个例子让我联想到，有的情侣会分分合合，其中部分原因很可能就是因为在潜意识中，其实并不想分开，只是因为他们没有听到内心深处的声音，以至于多经历了一些考验。

**在做重大决定之前，可让自己听听潜意识的声音**。若是要自己练习，可以在将睡未睡时，或将醒未醒的恍惚状态下，问问潜意识，有没有什么答案要告诉自己。当然更快的方式，就是通过催眠来探索了！

## 在催眠中回溯过去寻找干扰源

在催眠中，有一个方法是**“回溯”——从影响自己的事件与情绪中，往回找到最源头的起源点**。很多现在困扰很大的情况，当回到最早的那一刻时，通常都能妥善解决。举一个实际案例，曾有一位咨询者来找我，表示他对于换新工作、到新环境，都会感到莫名的恐惧。我便带他在催眠中回溯，看看这样的感觉是从什么时候产生的。他在大学、高中、初中时期，都有这样的害怕与恐惧。我问他，回到最早时，什么时候出现过这种恐惧的感觉？

后来终于发现，是在他从幼儿园要升小学时，因为爸妈说他长大了，以后要练习独立上学。可是因为没有处理好，让他当时感觉到自己处在一个完全陌生的新环境中，仿佛一个人被丢弃在那里独自面对陌生的环境，心里很害怕。

我通过一些步骤，帮助他在安全的能量中，重新经历当时的过程，让心中原本的恐惧消失，转换为安全感。之后再带他去看初中、高中、大学乃至工作后的场景，当他在经历原本害怕的情境时，内心的感觉已经改变，变得很有自信、很有安全感，知道自己该怎么做才会是好的互动。

在孩子小的时候，千万要注意，**任何看似微小的情绪感觉，都有可能在之后越滚越大，变成影响深远的干扰源**。

Note

# 第五节
# 色彩心理学与生活

## 色彩的心理效应

在我们每天的生活中，随时会看见各种颜色。大自然有它的颜色，如蓝天、白云、绿树、红花、青草等；在我们办公空间的装潢与建筑设计中，也有诸如温暖亮丽的暖色调、科技前卫的冷色调。不同的颜色，会带给我们不同的感受，也是我们主观的反应。不论是外在环境的颜色还是我们自己选择的服饰或家具，都会影响或反映我们的心情、喜好与感受。对颜色的喜好与搭配，也代表我们的风格。有些环境中的色彩搭配和布置，让人一走进去就感到放松、舒服、自在；有些环境的色彩则会让人觉得很沉闷、冷静，这些都是色彩带给人的不同感受。人们很容易在不知不觉中受到色彩的影响，而产生情绪的波动。

色彩最直接的**心理效应**来自色彩的物理光刺激，对人的生理会产生直接的影响。心理学家在实验后发现，**在红色环境中，人的脉搏会加快，血压会升高，情绪容易兴奋冲动，心理上会有温暖的感觉**。而过长时间接收红色光的刺激，会使人烦躁不安，需要相应的绿色来补充平衡。处**在蓝色环境中，脉搏则会减缓**，情绪也较沉静。有的科学家发现，**颜色能影响脑电波**，脑电波对红色的反应是警觉、对蓝色的反应是放松。这些理论让我们知道，**色彩会对人产生心理上的影响**。

不同波长的光作用于人的视觉系统，必然会导致人产生心理上的情感变化。色彩对于人的生理和心理变化，是同时交叉影响的。有一定的生理变化时，就会产生一定的心理活动；有一定的心理活动时，也会产生一定的生理变化。色彩学则是研究色彩为何会产生、有什么规则，以及色彩对人体有什么作用等，因此会涉及物理学、光学、生理学和心理学等。

## 了解色彩的基本原理，才能知其所以然

因为我们生活中的色彩（颜色），有不同的组成原因，所以在谈如何将色彩心理学运用在生活中之前，就得先了解关于**色彩学（Chromatics）**的一些研究，才能更清楚其中的奥妙。

我们眼中所看到的色彩，其实是各种颜色的可见光发散到眼睛，被眼细胞接收后而呈现于大脑中的。1802 年，英国托马斯·杨（Thomas Young）最早提出“色觉三色说”，认为人眼应具有红、绿、蓝三种感光细胞。以我们所见到的彩虹为例，基本的色彩（红、橙、黄、绿、蓝、靛、紫），都属单色光，无法再通过三棱镜分出其他光线。而色彩的三原色光——红色光（r）、绿色光（g）、蓝色光（b），重叠则会变成白色。对各种颜色光的研究，最早要归功于大家很熟悉的英国科学家牛顿（Newton），牛顿在 1666 年以三棱镜做实验，将太阳光分离成红、橙、黄、绿、蓝、靛、紫七色。

若我们看到某物体的颜色是红色时，其实是表示这个物体会吸收除了红色之外所有的光线，以至于我们的眼睛看到被这个物体反射出来的红色光，才会觉得它是红色。像天然苹果的红色就是如此，而人造的物品会呈现什么颜色，就看它表面附着的颜料会吸收和反射出什么颜色的光。所以，如果我们看到一只黄色的电话筒，表示上面的颜料会反射出黄色的光线，才让我们看到了黄色。

1810年，德国文豪歌德（Johann Wolfgang von Goethe）写了《色彩论》，他注意到颜色和情感间有联结的关系，并探讨色彩的心理现象。他主张所有颜色都是通过与黑或白对立来呈现，黄色具备正面特质（亮、强、鲜艳），蓝色具备负面特质（暗、冷、弱）等。

在色彩学领域中，**色彩物理学**着重光学研究，探讨光源投射和受光体对光的吸收与反射后所产生的无数色彩，并由此引发颜色的分类、色相、纯度、明度以及色彩混合等问题。

**色彩生理学**则研究人体眼睛构造，分析人眼的**感光细胞**对光发生反应后所产生的颜色视觉，有助于我们了解人体视觉系统的生理结构和机能，对色彩会有什么感知作用。**眼睛对颜色的感知作用，是所有色彩的基础**。

**色彩化学**则着重在对颜料的研究，如色彩材料的历史、分类、性能，以及该如何调配的规律等，色彩颜料由色相、纯度和明度构成，这三者影响色彩之调配效果。我们平常所看到的生活用品的各种颜色涂料，包含电子产品屏幕（电视、电脑、手机屏幕等）上的颜色，就是由此而来的。

**色彩心理学**则探讨色彩会带给观（接收）者什么感受。比如，探讨为什么有的色彩会让人感到温暖或凉爽，或是色彩的面积、时间、闪烁、并置或对比等刺激变化，会让人产生什么感觉或情绪。比如，**波长较长的红光、橙光和黄光，本身会给人暖和感，以这类暖色光照射到任何物体都会觉得温暖**。反之，**波长较短的紫色光、蓝色光、绿色光等冷色光，会给人寒冷的感觉**。

冷色与暖色除了带给我们温度上的不同感觉之外，还会带来其他诸如重量感、湿度感的不同感受。例如，暖色感觉偏重、密度较强，冷色感觉偏轻、较稀薄；冷色感觉较湿润，暖色则较干燥；冷色感觉较远，暖色感觉较近。这些感觉都是受我们的心理作用而产生的主观印象，属于一种心理上的错觉。

而**视觉艺术**所涉及的色彩问题更多，包含色彩的对比、互补、配色、调和之类的生活应用，都是探讨的重点。

## 颜色搭配与生活息息相关

颜色和我们的生活息息相关，各种家具、家电用品、室内装饰、灯光色温等，每一种不同的颜色都在无形中影响着我们，有些颜色也会随着时代和文化的不同而被赋予不同意义。比如，20 世纪 90 年代初期，家电用品大多以白色、黑色等单色系为主，重视的是功能、实用与技术性，而不是外观，所以很多大型家电都被称为**白色家电**。而随着现代技术的进步，许多产品都有类似功能，于是就变成要用设计感、色彩等元素来吸引消费者的注意了。

根据认知心理学家的研究，人类感官中，**视觉信息占了约 70%**，而**色彩刺激又占其中的 1/2**，可想而知，对现在的产品来说，颜色是相当重要的一环。当我们看到物品时，最先认知到的还是它的视觉和颜色信息，所以现在大部分产品都会有三四种颜色来搭配，除非是有特别设计诉求的产品（如 iPhone）或是复古风，才会以单一颜色作为特色。

当我们挑选家具时，通常都会考虑到色系的安排，要挑接近的色调或是对比色调，可以依个人喜好来决定，重要的是**依每个空间的功能性做适当安排**。比如，卧房是身心安顿的空间，古代有“光厅暗室”的说法，就是客厅要亮一点，卧室要暗一点。从现代来看，卧室颜色的原则是不刺眼（色彩饱和度、明度稍低些），以柔和、温馨、素雅为宜，让自己能够放松、觉得舒服，才有助于睡眠。淡鹅黄色或淡草绿色都是可以考虑的选项。而工作繁忙、精神较紧张的人，可选用米色、淡蓝色的床罩被套等，这样的颜色具有消除紧张、镇定催眠的效果。尤其要注意卧室颜色不宜过深，也不要大面积使用紫色、红色等厚重的颜色，会让光线变得太暗，压抑感强，长期容易造成烦躁、情绪不稳。

**客厅**是家中活动最频繁的主要公共空间，要给人宽敞、舒适、愉快的感觉，采用明快柔和的基础色调，如白色系（白色、乳白色和象牙色）最佳，优点是轻松且容易搭配，当季节变化时，可搭配鲜艳或多彩的抱枕、窗帘来点缀。

而**书房**是需要较长时间待在其中思考和静心的空间，应避免强烈刺激，通常墙壁和家具的颜色，会以典雅、明净、柔和的冷色调居多，主色调不宜过于刺激，也不宜过于昏暗，如淡蓝、粉红、淡绿、浅棕、米白、纯白或灰蓝等中性颜色最为适宜。

比如，淡蓝色往往使人想到和平、幸福，不仅可以稳定精神状态，还可以降低血压、使肌肉放松、气血通畅，有助于减轻疲劳感、摆脱紧张不安的状态，稳定心境；绿色（粉绿色）则可以有效舒缓眼睛的疲劳。假如你从事的是创意工作，则可以在某面墙搭配一些较鲜艳的色彩，来刺激大脑、引发灵感。当然，这些并不是绝对的，主要还是要依你喜欢的色彩要求来搭配。

**读到这里，你对现在家里各处的颜色，有什么不一样的感觉了吗？**

**你喜欢家中的用色吗？如果可以改成别的颜色，你会喜欢哪一种？**

## 灯光的颜色也会影响居住感受

灯光的颜色与明亮度的变化也会对我们的居家感受有很大的影响。**灯光的色温数值越低，光的颜色越黄**，单位以 K 表示。复古的灯泡光线偏黄，色温 3000K 左右；日光灯的光线偏白，色温约 5000K（类似中午室外的阳光）。

灯光颜色的选择也会影响家中氛围，冬天适合用黄光营造温暖感觉；夏天则可以换成白光创造凉爽感。通常老一辈长者喜欢白光的清爽明亮，而年青的一代会喜欢偏淡黄光的温暖气氛。曾经有人做过实验，在同样的温度下，人们在黄光环境里会流汗，但在白光下就不会，所以色彩的确也会影响人们心理和生理的感受。《康健杂志》第 23 期的文章中统计，台湾地区很多办公室会使用冷色系（色温大于 6500K）日光灯，容易让在其中工作的员工看起来脸色发青，像“每天只睡一小时”的感觉。

美国康奈尔大学针对产业界所做的研究发现，适当的照明可以增加生产力及工作安全性，利用接近自然光的色温（在 2700~3500K）甚至可以提高 16%的生产力。

恰当地使用色彩装饰，在工作上能减轻疲劳，提高工作效率；在生活上能创造舒适的环境，增加生活乐趣。红与绿、黄与蓝、黑与白等强烈的互补色，容易引人注目，用于警示牌可以避免发生事故；用于商品广告可以引人注意，达到宣传效果。

搬运货物的箱子用浅色系粉刷，可以减轻搬运工人心理上的重量负担。娱乐场所采用华丽、饱满的色彩能增强欢乐、愉快的气氛。学校、医院采用简单、明亮的配色，能为学生、病人创造安静、清洁、幽静的环境。

夏天的制服采用冷色调，冬天的制服采用暖色调，可以调节穿着者冷暖的感觉；儿童的衣服颜色可以采用鲜艳、饱满、明快的配色，更能激发儿童的活力和创意。

## 色彩心理与时代、社会、文化密切相关

由于不同时代在社会制度、意识形态、地域文化、生活方式等方面的不同，人们的审美意识和对颜色的感受也不同。一个时期色彩的审美受社会心理影响很大，所谓**“流行色”就是社会心理的一种产物**。在电影《穿 Prada 的恶魔》中，时尚教主阿曼达（Amanda）说了一句话，大意是：“你现在在卖场买了一件你喜欢的廉价蓝色毛衣，其实可能是很早以前就被时尚界所挑

定的潮流而决定的。”当一些色彩被赋予某些象征意义，符合了人们的理想、兴趣、爱好和欲望时，这些有特殊感染力的色彩就会开始流行。传统时期认为不和谐的配色，在现代却被认为是具有新颖美感的配色。

**而每个国家因为地域环境和文化的不同，对颜色也会有不同偏好**。比如，IKEA（宜家）公司商标中的蓝色和黄色，是瑞典国旗的颜色，因为北欧一年之中有多数时间是处于又黑又冷的环境中，人们大多得在室内活动，而这种明亮、淡雅的空间设计会为居家营造出一种夏日阳光灿烂的感受，这也是当地人相当需要的心理感觉。

韩国人在喜宴中会包白包、走白地毯，因为他们觉得白色代表“纯洁”；又觉得红色像血的颜色，所以会洒红豆去除厄运。

中国人过年喜欢穿红色、古人觉得黄色是皇帝的象征、中医理论中的青赤黄白黑五色说等，都有文化与环境的影响，也都会影响我们对颜色的感觉。

对颜色的习俗与禁忌，是我们要多加留意的。比如，以前曾听人说，有朋友在结婚时，因为新人不懂长辈对衣服颜色的禁忌，穿了黄色和绿色的礼服，结果喜宴当天婆婆当场就给新人难堪。原本好好的喜事，却变成尴尬的开始。因为台湾地区有句俚语说：“红水、黑大扮、青的顾人怨”，有些习俗还是得慎重了解的。

## 人们对颜色的集体色彩感情

虽然色彩引起的复杂感情是因人主观感受而异，但由于人类生理构造和生活环境等方面存在共性，因此对多数人来说，无论是单一色，还是混合色，在色彩的心理方面，也存在着共同的情感。下表中有**常见颜色带给人的心理感受**叙述，提供给大家参考，当然这也会依照每个人的主观感受而有所不同。

**常见颜色带给人的心理感受**

| | |
|---|---|
| 红色 | 让人感受到热情、性感与欲望、自信与自我，也代表积极主动、能量充沛、征服与控制。有时会带有血腥、忌妒等较强烈的情绪。**想吸引注意、展现自信和力量时，可用红色来加分。** |
| 粉红色 | 让人感受到浪漫甜美、可爱温柔、梦幻而无压力，可以软化气氛、安抚心情。也代表年轻、轻松、俏皮，有时会产生想被呵护的感觉。当**需要创意激荡，或心情需要被安慰时**，可挑选粉红色。 |
| 橙色 | 带给人亲切开朗、热情坦率、健康欢乐和阳光般温暖的感觉，也代表行动力、活力饱满，可让人信赖，像一股支持的力量。当**需要活力与采取实际行动时**，会是很好的选择。 |
| 黄色 | 带给人明亮开朗、光明希望、包容开放、自在快乐的感觉，也代表舒服饱满、充满能量，同时因为会刺激大脑内与焦虑有关的区域，也有警示提醒的效果。当处在**快乐场景中**，会是很适合的颜色。 |
| 绿色 | 带给人安静镇定、宁静安全的感觉，也象征坚韧踏实、自由和平、清新自然、知性冷静。**适合想让自己心灵沉静的书房或空间。**可通过深浅以及和其他色彩调和，增加变化性、降低被动僵化感。 |
| 蓝色 | 带给人安定沉稳和广阔的稳定感。天蓝色较明亮，代表自由、希望和理想；深海蓝，意味着务实严谨与中规中矩，给人信赖、权威和专业的感觉。淡蓝或粉蓝则可以让人放松，所以若**想让心情平静，或想让人听你讲话时，可穿蓝色衣服。** |
| 褐棕色 | 带给人安定宁静、稳重平和、亲切厚实、容易相处的安全感。也能帮助稳定情绪、安抚当下氛围。许多古色古香的店面，都有不少褐棕色元素，也给人一种静谧高雅的质感。**因为能融入于环境中，所以不会太引人注目，反而让人觉得好亲近、好相处。** |
| 紫色 | 带给人神秘高贵、浪漫优雅、感情细腻的感觉；颜色较深（饱和）时会增强张力，给人**与众不同的魅力感**。也会带给人有距离、高不可攀、矫情的感觉，这也是需要注意拿捏搭配的。 |
| 黑色 | 带给人权威冷静、冷漠有距离、低调与防卫的感觉，甚至更强烈时会联想到死亡和幽闭感。**黑色若搭配得好，也会给人专业、有品位的权威感**，有助于商务活动运作，要谨慎搭配服饰款式与风格。 |
| 灰色 | 带给人沉稳精确、智慧与考究感，有时也会给人有距离、冷淡、优柔寡断和漠不关心的感觉。**若混合铁灰或深灰色，会释放出智慧与品位的信号，有成功人士的权威感**。搭配需要注意服饰质感，才不会让人觉得邋遢、没有精神。 |

续表

| | |
|---|---|
| 白色 | 带给人纯洁善良、美好无瑕、信任开放的感觉，有时也会给人梦幻感或距离感。若穿着**白色衬衫会给人干净利落感，白色麻织上衣则给人飘逸脱俗、与世无争感。** |

**自我成长练习**

## 在家中营造自己喜欢的颜色风格

居家环境是每个人除工作环境外，最重要的生活环境，因此营造出让自己觉得舒服的色彩风格就显得很重要。在家中，颜色的变化主要来自墙壁与家具的色彩搭配。

请问，在你家中的不同空间里，每一面墙壁都是什么颜色的？传统的长辈大多喜欢白色、米白色系，觉得这样干净利落、明亮大方；年青的一代喜欢让不同的颜色融入家庭中。有小孩的家庭，小孩房间的颜色变化可能会更多样可爱。在我过去学习创作性艺术治疗（Creative Arts Therapy）的过程中，很喜欢的一个练习就是自己刷油漆，将家中墙壁和物品刷上不同的颜色。比如，客厅刷成带点温馨明亮的淡鹅黄色，书房刷成象征宁静智慧的淡柠檬绿，卧室则是温暖的淡橘色，进入不同房间时，就有不同的感受联结。再搭配各种窗帘、桌巾、摆件的颜色，就会有多样丰富的感觉。甚至我还自己量尺寸、锯木板、上色，再配上空心砖，就变成简易的书架和层板。因为是自己的创作，即使后来搬家，也会把它带着走，作为纪念。亲爱的读者朋友，你也可以试试看哦！很好玩的！

# 第六节
# 音乐心理学与音乐疗愈

**有没有一种感觉，就是当你听到某首歌曲时，脑中会突然浮现出以前听到这首歌时的场景和情境？**也许是学生时期最流行的歌曲，当你在多年后突然听到时，想起了当年与好友相处的点点滴滴；也许是某首让你惆怅的歌曲，唤起了曾经刻骨铭心的那段恋情。

当我们在卖场购物时，是否曾注意到店里播放的音乐？那里的音乐总是节奏明快而充满活力的，促使我们更快速地挑选，然后结账离开。如果顾客挑选的时候想得太久，开始运用理性思考，可能就不会购买太多物品。有些餐厅会播放快节奏的音乐，也是为了让客人加速用餐，赶快结账离开，好招呼下一拨顾客用餐。相反的，如果餐厅播放的是悠扬和缓的音乐，就可以让顾客好好品味享受。这些都是用音乐来影响心理的实际案例。

## 善用音乐刺激生理反应，带动心情变化

就像前几章中提到的，听觉也是我们接收外界信息的重要来源。在我们每天听到的各种声音中，有些能够让我们舒服、放松，有些则充满干扰，甚至会影响身心的安定。**音乐心理学与音乐疗愈，主要是探讨人们“因为音乐而引发的感觉和行为反应”**（如听到不同类型的音乐会产生不同的感觉，或在行为上产生各种反应与改变）**以及“投入在音乐活动中的状态”**（如在家

听音乐、自己唱歌、演奏乐器、参加演唱会等），**也研究每天在不同时刻、场合中，哪些类型的音乐可以帮助我们改善生活品质、促进学习与工作绩效，等等**。

音乐会带来主观、直接的感受，我们之所以会受音乐影响，是因为在生理上，音乐能**刺激人体自主神经系统**（主要功能是调节人体心跳、呼吸速度、神经传导、血压和内分泌等）的反应；而在心理上，音乐会引起大脑在管理情绪和感觉区域的自主反应，使情绪很快产生变化，将原本带点淡淡忧郁的心情，转换成喜悦开朗的心情。

平静或快乐的音乐可以减轻人的焦虑、消除心中的紧张与烦恼。高音或节奏快的音乐可以刺激人体肌肉活动与紧张，低音或节奏慢的音乐则会让人感觉放松。挑选适当的音乐，还可以帮助我们拥有更好的睡眠品质。**在催眠疗愈的过程中，音乐也是相当有影响力的**，可以让我们很快地转移注意力，使身心到达某种特定状态。

音乐早在人类祖先还处于茹毛饮血的时期，就已经是文化中不可或缺的一部分了。在各种庆祝仪式中，打击节奏、人声与欢呼声，很自然地带来了原始的振动。要在生活中更好地运用音乐，最重要的是要先**培养自己对音乐的感受力**。

每个人对音乐的感受与经验都不同。有人爱乐成痴，也有人对音乐感到陌生、避之不及；有人偏爱古典曲，而更多人偏好流行乐。

在生活中，我们可以通过对音乐的适度运用，让自己在工作之余能有效放松、减轻压力，使生活充满欢乐、补足能量、增加幸福感，甚至能够激励自己、转化心情。欧美心理学研究对音乐治疗相当重视，因为经研究证实，有时音乐比医学上认定的药物还要有效，且不会产生副作用。

## 要让孩子学音乐，先引发孩子对音乐的感受与乐趣

我们自己或孩子在做事情时，会习惯听音乐吗？许多父母觉得边看书边听音乐会影响专注度，事实上并不一定如此。由于现在的孩子身边有太多刺激，所以**看书时若能播放不含歌词的纯音乐（古典乐、轻音乐等），能够帮助右脑放松吸收音乐，而左脑就能专心于较理性的知识学习上。**

常常看到很多父母花不少钱让孩子学音乐，但孩子却愁眉苦脸。原因其实很简单，父母只是希望培养孩子的才艺，但并没有花心思让孩子体会音乐的美。也许父母们可以问问自己：

**“我喜欢音乐吗？我喜欢哪一类的音乐？如果我要开始体验音乐的美，最想从听哪一类的音乐开始？以前有没有什么乐曲或歌曲，是我很喜欢、很有感觉的？”**

从你曾经喜欢的音乐开始。当你自己培养了对音乐的感受力，也有了自己喜爱的音乐，身教重于言传，家中也会开始有音乐流淌，对孩子来说，会是更好的生活学习环境。当孩子有机会听到不同曲风的音乐或乐器演奏，对音乐的感受力变强时，他们自然会找到自己喜欢的乐器，这时再开始学习乐器，相信会事半功倍。

在我小学一年级时，有一次下课后，老师突然把我叫到教室外，向我介绍另一位老师——我的小提琴老师。在我要学琴以前，爸妈并没有向我提起，所以那一天我感到相当意外。

对一年级的我来说，由于事前也不知道要学小提琴，所以没有什么特别的感觉，只认为是爸妈好意的安排。因为班上的好友也在学，而且比我早学，所以我也就跟着学了。但当时自己对音乐没有什么特别的感受，所以每天的

练习都很被动，也很无精打采。一开始跟其他小朋友一起上大班教学，还觉得很有趣，后来父亲希望学习更有效果，不惜花钱请家教来一对一上课，少了同学间的互相激励，我就更缺乏学习动力了。现在回想起来，在以前那个年代，几年下来爸妈为我学琴应该花了不少钱，实在很可惜。

## 属于你的疗愈系音乐私房歌

每个人都会因为过去的经验，而有自己对音乐的偏好。在艺术治疗中，无论音乐、舞蹈、戏剧、绘画等方式，都是表达的工具，可以让我们抒发心情。我自己就很喜欢通过音乐来释放与沉淀情绪。

我永远记得，三十多岁那年的一个下午，我和高中死党老范坐在他的黑色小汽车上，聊着彼此工作的近况。当时他刚换到一家新公司担任业务主管，压力很大；而我，也刚离开待了五六年的公司，开始自己创业的日子。聊着聊着，他突然说："我放个我很喜欢的音乐给你听，你一定也会很有感觉。"在他的车上有一张专门制作的 CD，里面是只有自己一个人开车时才会听的音乐。

第一首是郭静的《每一天都不同》，第二首是刘若英的《继续——给十五岁的自己》。一开始我感到好奇，听着音响中《每一天都不同》的音乐飘出来，当歌词唱到："……不喜欢别人说我幸运，他们不懂我有多么努力……"，我的眼泪瞬间流了下来。接着听到第二首歌"知道吗，我总是惦记，十五岁不快乐的你……"就已经有些感觉，当歌曲继续往下"……我们继续走下去，继续往前进，看这条路会让我们走到哪里，我们想去的地方，一定也有人也很想去，我们都不要放弃，都别说灰心，永远听从刻在心中那些声音……"原本稍停的眼泪，再度夺眶而出。于是，两个相识多年的好友、两个大男人，很有共鸣地坐在车上，反复把这两首歌听了好几遍，用眼泪洗涤身心的疲惫。

在我平常教学的课程中，有一个剧场的练习，就是会依照学员的状态，通过学员心中有感觉的歌曲，来重新找回他内心的动力。老范是个心很细的人，他凭自己的感觉，也找到了让自己抒发心情、自我疗愈的方法。而这个方法，让跟他有类似感触的我，也同样经历了心灵的洗礼。

**自我成长练习**

## 设计自己的疗愈系歌单

在日常生活中，可以找出对你来说，能带来各种不同感受的“功能性”音乐。当然，还是要强调，音乐的挑选以你的感受为主，并没有标准答案。以下歌曲仅供参考。

### ◎ 列出自己的各类歌曲清单

1. 励志类：听了会让你感到澎湃、振奋，感觉很阳光、很开心，如刘若英的《风和日丽》、孙燕姿的《第一天》等。
2. 情感释放类：听了会让你流泪、有些感伤，或勾起某些记忆。这类歌曲就相当主观，与你的过往经验有关，你听到就会知道。
3. 温暖支持类：淡淡的、轻柔的、温暖正向的，如伍思凯的《分享》、张悬的《宝贝》。你可以挑选平常听到的歌曲中，能带来类似感觉的歌。
4. 放松愉快类：像在咖啡厅中常听到的音乐，很自在、轻松，如小野丽莎的歌、爵士乐之类的。

### ◎ 编排与使用时机

1. 可先播放一首能稍稍勾起你心情的歌曲，接着是一两首最触动你心情的歌曲，可以让你释放心中的情绪。

2. 之后放一两首对你来说较有元气，较温暖、正向的歌曲，帮助你慢慢平复心情。

3. 再放一首开心的歌曲，将心情带出来。若是有歌词的歌曲，过程中最好能唱出声音。**唱出口可以将情绪能量导出来，会得到比较好的释放，而不会闷在心里**。若能让全身跟着旋律轻轻摆动，好像自己在办演唱会那样，更能带动心情。

也可以尝试把手边随手可得的简单物品当作打击乐器，结合节奏与肢体律动进行释放。我平常也会用这样的方式带领参与者，自在即兴地通过敲击来达到情感的表达，相当有趣！

# 第四章

# 积极正向的职场心理学

职场心理学与我们的工作和生活息息相关。如何让自己在组织中拥有更多快乐、更多幸福感，在每天的工作中获得更多内心的满足呢？就让我们一起来看看吧！

# 第一节
# 放对位子，提高工作满意度

## 价值观与工作满意息息相关

常常听到有人说："工作是工作，生活是生活。""现在工作只是混口饭吃，马马虎虎就好。"也有人说要把工作变成自己的事业，才能乐在其中，拥有长期的满足与快乐。

有人觉得工作是为了追求成就感与财富，其他的一切（也许是家庭生活，也许是健康）都不重要；有人觉得薪水只要够用就好，每天安稳地工作，下班后种种花、和朋友打打牌，也很不错。

这些看法没有对或错，都是我们对于工作和生活的价值观。价值观是每个人一生中最基本的信念，我们认为哪些特定的行为模式、生活模式、理念想法是好的、对的、可以接受的，也是自己所要追求的，就是我们的价值观。我们每个人都可以列出自己的价值观排序清单，这些就是我们平常为人处世所依据的原则。

价值观大多是在成长过程中，从父母、家人、老师、朋友的影响与自己的经历中，慢慢塑造而成的。我们从这些经验中，决定**"什么对自己是重要的"**，这些"重要的"事物就会形成价值观。我们只有清楚自己的价值观，在做很多重大决定时，才不会彷徨失措、茫然、矛盾或犹豫不决。比如，在公务员家庭中长大的孩子，可能就会觉得“稳定”的生活很重要；在做生意家庭中长大的小孩，可能就会觉得人脉与交际应酬很重要；若是家中环境清苦，可能就会觉得自立自强或赚钱很重要；如果在成长过程中，常常获得朋友的帮助，就会觉得“交友”很重要，而且也会把这个价值观教授给下一代。所以，**价值观也会一代代传递**，除非下一代从自己的经验中发觉出修正的必要性，才有可能产生改变。

价值观会影响我们的态度与行为：比如，我有一个朋友，觉得薪水和工作条件很重要，所以不管要换什么工作，他都会优先考量薪水高低和离家远近的问题；而另外一个朋友，觉得符合自己的兴趣和未来发展更重要，所以他换工作的经历中，就会有离家很远、薪水不一定比之前公司高很多的情况。

成长背景（时代）不同的人，也会有不同的价值观和行为表现。就像现在常听到很多的通称：“90后”“低头族”“快闪族”“宅时代”“星巴克咖啡族”“小资一族”等，都可以算是某一种价值观或行为表现下的产物。尤其是当现在网络科技发达，各种资讯、流行文化传递得相当快，往往两年到三年的时间，青少年的流行次文化就差别很大。以前说的“代沟”，已经从原本十几年以上才有差异，变成短短两年到三年就有差异。所以当我们要和对方沟通时（尤其是当下的年轻人），了解对方的价值观和他觉得什么是重要的，才有可能打动对方，事半功倍。当与不同年龄的主管、部属、同事、客户或朋友相处时，也是如此。

价值观可分成**目的价值观（terminal values）**和**工具价值观（instrumental values）**。目的价值观代表的是一个人**这辈子最想达到的最终状态和目标**，工具价值观则是个人偏好的一些行为表现方式，或者是为达到目的价值观的行为手段。例如，有些人会觉得这一生最重要的是要有持久的贡献，有些人会觉得这辈子只要家庭和乐安康，有的人会觉得内心自在和谐最重要，这都是关于这辈子最终想要的状态，属于目的价值观。

而为了达到家庭和乐，也许会需要**“富有爱心”“体贴宽恕”**；为了对社会有所贡献，也许会需要**“坚持不懈”“勇敢开创”“自我约束”**。这些行为表现上的特质，就属于工具价值观。

## 个人价值观盘点，给我们依循的地图

我们需要盘点自己的价值观，才能看清楚自己究竟要什么。为了让大家多一些选择，我列出了许多常见的价值观，由于目的价值和工具价值的区分，有时候会根据这个价值对个人的意义，到底是过程中的手段或是终极的目标而不同，所以在列表中我们就不细分，让大家找出对自己最重要的价值观排序。请依下表进行你的价值观盘点，填入排序及支持证据。所谓“支持证据”，指的是有哪些具体的事情或例子，可以证明你现在写的价值观真的是你在意的。例如，你觉得“友谊”很重要，那你的生活中，一定会有例子是符合这一点的。

**价值观列表**

| 排序 | 价值观 | 支持证据 | 排序 | 价值观 | 支持证据 |
|---|---|---|---|---|---|
| | 轻松愉快有趣的生活 | | | 助人奉献 | |
| | 舒适富裕的生活 | | | 独立自主 | |
| | 充满刺激活力的生活 | | | 宗教信仰 | |
| | 成就感 | | | 诚实正直 | |
| | 内在平衡 / 平静 | | | 公平 / 平等 | |
| | 友谊 | | | 忠诚 / 服从 | |
| | 孝顺 / 感恩 | | | 创意 / 想象力 | |
| | 稳定 / 秩序 | | | 赢 / 竞争 | |
| | 智慧与个人成长 | | | 责任 / 担当 | |

续表

| 排序 | 价值观 | 支持证据 | 排序 | 价值观 | 支持证据 |
|---|---|---|---|---|---|
| | 财务安全 | | | 名声 / 声望 | |
| | 内外一致 / 开放 | | | 富有爱心 | |
| | 合作 / 团队 / 归属感 | | | 企图心 / 权力 / 控制 | |
| | 被肯定 / 认同 | | | 整齐干净 | |
| | 成熟之爱（心与性的亲密） | | | 宽恕慈悲 | |

上述这些可作为参考，若还有你觉得需补充的，可自行列入。从这些价值观中，挑出最重要的五个（可先用删除法去除不重要的，筛选出十个，再从中挑选出来五个）。很重要的是，还要列出真正有落实的支持证据，因为有些价值观我们觉得重要，但其实在生活中根本没有落实，如果没有做出来，代表我们内心深处并不认为它重要。所以当你列出前五个到十个最重要的价值观时，一定要看一下支持的证据是什么，这是一个很好的盘点。

找到最重要的五个价值观之后，接着去看这五个价值观对自己的影响是什么，有没有改变过。在自己过往生命中重大的决策，和价值观的关联有哪些？这些价值观和现在的工作、生活，有什么相呼应或抵触的地方？

在我平日进行心理咨询的过程中，我都会邀请来访者去看看这些价值观对于他要达成的目标会有什么帮助，以及可以如何运用。

当现状让你不满意，或开始犹豫，或不知道下一步该怎样做会更好时，价值观的盘点就很重要。它会成为一个方向明确的地图，让我们有所依循。**找到符合自己价值观的工作环境，会让我们过得更开心、更有活力。**

## 正确的工作态度，带来工作满意度

态度，是我们对人、事、物所抱持的正面或反面评价，反应我们对人、事、物的感受。态度包含我们的**认知想法**（对某一件事的信念）、**情感因素**（喜欢或不喜欢之类的感受）、**行为意图**（表现在外的行动），最主要是指受情感影响的行为。

当我们对工作抱持正面的态度时，我们会觉得工作是令人满意的。对工作感到满意，我们也才会有更高的工作投入度。以下几个因素会影响我们对工作的满意度。

**1. 工作环境的支持度**

当我们处在舒服、安全、便利的环境中，工作满意度会比较高。所以，开始看看你四周的办公室空间，有没有什么条件是可以经过改善，让办公环境更好，这会有助于你的心情愉悦，也会让工作满意度更高。就像为人津津乐道的一些大公司，常常会为员工准备取之不完的饮料和点心，也许你的公司没有这样的预算，但总有些可以做到的事，能够帮助自己和同事在办公时更有效率、更愉快。

**2. 互相支持的同事关系**

不管公司的文化如何，我们都需要伙伴。一个人作战是很孤单的，事情办得好，我们需要伙伴的庆贺；有些棘手的事需要伙伴一起讨论解决；案子搞砸了，我们需要一点安慰的鼓励。如果你已经有好伙伴，恭喜你拥有了很好的后盾；如果还没有，那要提醒你要赶快行动了。在公司里找到可以信任、可以互相支持的好伙伴，一定是当务之急。

**3. 工作是不是有适度的挑战**

如果工作遇到挑战，表示我们在完成的过程中，需要克服一定的难题，能力也会拓展，并得到随之而来的成长与成就。难度太低的事情，虽然短期看起来是舒服的，但长期而言，却会让人失去动力。

而难度太高的事情，若没有足够的资源或方法，容易造成挫折和失落。当然这个难度的高低，是取决于自己的主观感觉，而不是主管或老板的。有可能别人觉得难度高，但你自己不觉得，或者刚好相反。

**4. 检验自己看待事情的角度**

角度改变了，我们的感受态度也会改变。就像前面的章节曾提到，同一个事件，如果从不同的角度看，就会有不同的结果。所以我们在日常工作中，一定要随时提醒自己："现在自己对工作上的这些诠释，是正确的吗？有没有哪些是误解？"也可以询问与自己要好的同事，参照别人的观察，才会有比较客观的态度。

▶ 通过各种方法，提高我们的工作满意度。

## 建设性地表达不满，会帮助现状改善

前面提到，当我们的价值观与所在公司的文化价值接近的时候，我们对工作就会比较容易满足，绩效也会比较好。若我们能用正确态度看待工作中发生的事件，同样也会促进工作的满意度。但我们也常常会听到身边朋友或同事，抱怨自己的工作、抱怨公司、抱怨其他同事、抱怨……当我们对公司现状不满的时候，又该如何应对呢？通常员工（或某人）对公司（或某事）不满时，会有四种可能的处理模式，这四种模式主要从**建设性 / 破坏性、主动性 / 被动性**这两个向度来看，大家可以检视一下自己是处于哪一种情况。

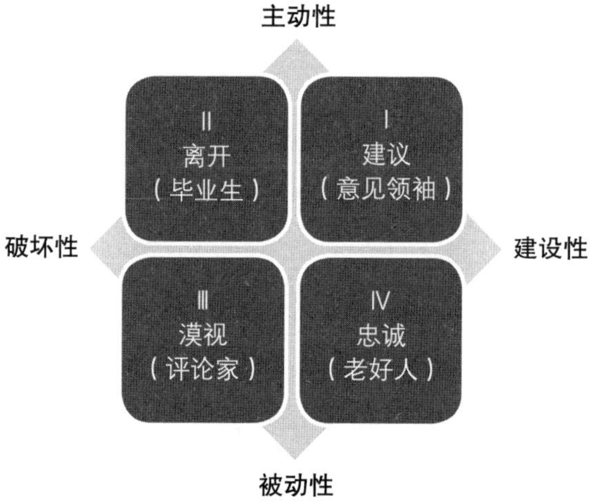


**最理想的状态，是第一象限，采取主动而且有建设性的态度，寻求解决方案**。比如，向主管或公司负责部门提出可行的建议或改善方案，以正向的态度沟通讨论，找出大家共同认可的方式。对于不满的事情，若是积压过久，容易引起疲惫或更大的反弹，所以如果有人在公司里扮演意见领袖的角色，很正面地凝聚大家的共识，再与公司相关负责人协调，就会是很好的解决方式。

**接着，是第四象限，就是虽然没有主动寻求解决，但还是乐观等待，相**

**信公司会解决与改善**。当有人批评时，仍会站出来为公司或主管说说话，比较像老好人、和事佬，以和为贵，相信事情会有很好的结果。

**第三种是象限三，就是漠视，比较被动，任由事情恶化，好像事不关己一样**。常抱怨的人，属于这一种，虽然有很多不满意，但就像评论家一样，仅止于嘴上说，并没有真正试着去改变或建议，消极地任由事情继续恶化。

**第四种是象限二，离开**。也许之前曾试过但没有用，或者是已经等待或评论太久，而现在觉得不愿再继续忍受，所以就用脚投票，选择“毕业”了，其他一切再说。

如果我们或身边的朋友、同事因为某些事情对工作或公司产生不满，可以看一下，自己处在什么位置，再问自己：“我想要事情怎么发展？”“最理想的处理方式会是什么？”“如果事情可以更好，会是什么样？”当我们去思考如何改善会更好时，就会专注在如何改善；**若每个人都能专注在如何改善方面，事情就会有所进展**。

# 第二节
# 去除沟通障碍，建立深刻互动

## 避免过滤作用的负面影响

在职场上，我们每天都得和不同的人打交道，因为每个人的沟通方式和习惯不同，所以我们就得具备各种沟通能力。若我们无论处在什么单位或团体中，都能有很好的沟通和发挥，也会是一种令人满足的“自我实现的幸福”。

从许多研究中我们会发现，**沟通不良是导致人际冲突最大的根源**。为什么会沟通不良呢？因为里面有太多的干扰因素。也许你一开始就不喜欢这个同事，所以他说的话，你根本不想听；也许你的小圈子里，有人说他的坏话；也许，纯粹是因为你们在沟通上对于某些事情的“基模”（可参考第一章）完全不同而造成误会；也许是因为情绪太满，有一方根本不想沟通。

有太多的原因会造成沟通不良和人际冲突，而这些人际冲突也不只是发生在职场中的主管与部属间或同事间，在亲子间、手足间、伴侣间，以及朋友间的相处都有可能会发生。当我们一对一沟通时，都可能会产生误会和障碍，人数变多时就更不用说了。若人们汇聚成一个社团、社群、部门、组织或公司，肯定会面临更多沟通上的挑战。

大家可以在纸上列一下自己每天的时间安排，大概会发现**我们几乎有**

**70% 的清醒时间，都用在了沟通上**。不管是**与人面对面的沟通**——听人说、自己说、闲聊、工作讨论、开会，或是**书面文字的沟通**——阅读文件、浏览网络、整理文件报告等，甚至现在常用 QQ、微博或微信来传递信息、照片和视频。随着科技的发达，我们通过各种方式与工具来进行沟通，这些沟通有没有让我们更有幸福感呢？发在微博上的文章被点赞，一瞬间会有点兴奋；若是再有热烈回应，会更开心；若是有人因此打电话给你，感觉再加深；若因此约碰面一聊，彼此的感受与联结肯定最深。在运用各种工具的同时，有时候还是要回到基本面，就是**人与人之间的"深度联结"**。良好充分的人际互动与联结，是最好的沟通方式。不论对个人或组织中的沟通都是。

不管科技如何发展，沟通的工具如何日新月异，沟通时还是有一些基本的原则会影响我们。一般人际沟通的基础模式如下图。

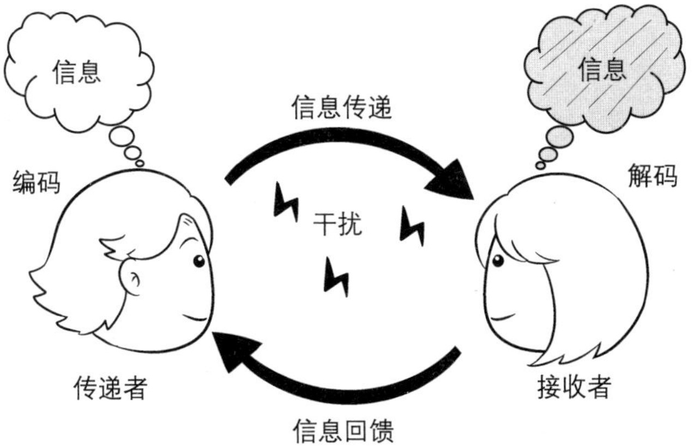


▶ 传递者"传送"的信息与接收者"接收"的信息，可能会有差异。要通过询问来确认对方是否正确接收到我们传递的信息。

## 组织中常见的沟通障碍

**第一种是过滤作用（filtering）**，指的是传递信息的人，为了种种原因，在传送资讯给接收者时，故意操纵资讯，只提供片面的信息。这是由于组织里充满太多信息，专业分工又细，每个人所能负荷的资讯量有限，所以对于高层主管来说，底下人所呈报上来的资讯，必定是过滤过、最重点且浓缩的关键资讯，才不会让高层主管负荷过重。而部属们或中层主管，不管是为了讨好接收信息的高层主管，或是为了私人的好处，又或是纯粹因为经验不足判断有误，在传递信息时，就容易只传达片面的资讯。通常越大的组织或同事间竞争越严重的单位，这样的情况会越多。

**自我成长练习**

### 如何避免过滤作用的负面影响？

过滤作用的正面意义是基于授权和分层负责，只报告最关键的信息，所以能提高效率。那又该如何避免负面影响呢？以下提供几个方法。

**1. 建立多个信息来源渠道**

如同唐太宗向魏征咨询“如何能当一个好的君主（老板、主管）”，魏征回答“兼听则明、偏信则暗”。如果能广纳意见，自然不被蒙蔽；如果只听少数一两个人的言辞，就容易出现弊端。这一点是每个人都要提醒自己的地方。

**2. 信息公开**

重要的资讯在限定（特定）范围内公开，可以避免在传递信息的过程中，发生失误。

**3. 平日观察**

对于和你沟通的人，平常就多观察其言行和人格特质，了解对方是否是会过滤信息的人，如果是，在与其沟通的过程中就要特别注意，才不会“不知不觉”受蒙骗。曾经听过不少案例，企业中的老板被资深主管蒙蔽，甚至许多资讯和数据都是伪造的，这就是最严重后果了，也会造成典型的劣币驱逐良币的组织内现象，很多有才能的员工为此都留不住，我们不可不察呀！

**第二种是选择性知觉（selective perception）**，如同我们在第三章提过的，人们倾向用自己的感官世界来感知外在世界，所以我们是活在自己“以为”的世界里。所谓知觉，简单而言，就是把注意力放在哪里，和怎么诠释它。不同的人看同一件事，会有不同的诠释，就是因为每个人的背景不同，有不同的脚本。让我们进一步来看，有哪些因素会影响我们的知觉。这些因素包含**知觉者自己（perceiver）**、**知觉的目标物（target）**、**情境（situation）**三类。

对于我们（知觉者）来说，与个人的**兴趣**、**态度**、**动机需求**、**期望和过往经验**等相关的因素，都会影响我们的注意力和诠释。比如，如果你很喜欢某一个偶像（**请注意现在你想到谁**），当电视新闻上播报出他最近的动态时，你一定会马上被吸引。如果你的朋友（或家人）喜欢的是别的偶像，他们可能对这则新闻就没什么反应。**兴趣会影响你的注意力**。美发设计师很容易就会看到别人的发型，整形医师很容易会注意别人的外表特征，业务员很可能会注意别人的表情喜好。当同样有一群人走过来（或进入一个团体，或参加一场活动）时，这三个人可能就会很自然地关心和注意到不同的点。在公司里也一样，各种专业分工的人（法务、财务、人资、业务、研发、生产、行政……）因为立场不同，在意的点也自然不同。

关于**态度的差异**，举例来说，内向的人喜欢安静，外向的人喜欢热闹，当他们同样待在一个人很多的环境中，可想而知，内向的人会局促不安，外向的人则是如鱼得水。因为对与人相处的态度不同，所以也会导致两个人在同样的情况下，有不同的感受与解释。有的人对于处理公事的态度是速战速决，而有的人却是需要仔细规划。不同的态度，很自然会造成不同的反应。

对于**"期望"**也可能出现差异，如父母希望孩子用功读书、孩子希望能多参加社团活动。因为期望的不同，即使孩子每个礼拜只参加一次活动，父母也会嫌花了太多时间，而小孩则会嫌时间太少。

而**动机和需求**若没有被满足，则更容易对知觉造成强烈的影响。比如，如果有一个主管是很没有安全感的，当部属表现很好时，他很自然会陷入一种"可能会被取代"的恐惧中，而觉得"别人在觊觎我的位子"，即使部属根本没有这样的想法。

## 自我成长练习

### 发现身边有人很缺乏安全感的时候，该怎么办？

当你发现身边的人出现这样的反应——觉得别人都在害他、觉得别人都在批评他、觉得别人都会背叛他、对他有敌意、喜欢批评、防卫心重、将自己武装起来……都表示他可能在过往的经验中缺乏安全感、缺乏足够的关爱。

◎ 如果对方是你的同事

就看彼此的交情吧！在你的能力范围内，给他一些适时的肯定、鼓励、支持、关心和协助，能让你至少不会和他交恶，而且也是用正向力量来为对方做点事。

◎ 如果对方是你的好友或家人

也许你得有心理准备，会辛苦一点。先把自己照顾好，让自己有好的能量和心态，每当你看到对方的优点时，不管大小，立刻回馈给对方，多给肯定、鼓励、支持、关心，让他们慢慢建立和补足一些过往所没有的安全感。还记得自我预言实现吧？真心地找到他们的优点和潜力，持续而坚定地鼓励他们，相信他们能做到，并且为他们喝彩。有机会也鼓励他们寻求适当的专业机构协助，一段时间下来相信会有所帮助。

前面提到的这几个例子，都可以算是跟过去的经验有关。这些过去的经验可能是兴趣、在工作上的专业累积、家庭生活、和朋友社团的相处互动等累积。有些跟过去经验有关的事情会让我们特别关注，如过去投资黄金的人，就会特别注意金价波动的消息。但有些经验反而会让人对某些事情失去兴趣，如一些很习以为常的事情，我们反而就不太会放在心上。

## 问对好问题，就能听到精彩的“生命故事”

如何才能在组织中工作得很幸福？有良好的人际关系和沟通是必要的基础。我们不能决定主管、同事或部属会怎么想（知觉）、怎么做，但我们能做的，就是**对自己和对身边的人多一点了解（觉察与觉知）**。这里所谓的了解，不只是从一些表面资料来看，而是真的能发自内心地去**听到对方的“生命故**

**事”**。每个人就像一本书，书中有很多故事，记录了他为什么会拥有今天这样的个性、这样的想法、这样的反应，也记录了他的需求、他的动机、他的兴趣、他想要什么。

只要真诚关心对方、给予真心的赞美肯定，再问对问题，就能听到对方精彩的生命故事。问他：“是什么让你可以克服困难一直坚持下去？你怎么做到的呢？”

真心去了解你的伙伴，就会发现每个人背后都有很多美好的风景。当我们能用心读到这些，除了更丰富我们对人的了解，也能对伙伴有多一点理解与包容。如果我们能做到这样，就能从正向积极的伙伴身上学习到经验、开阔视野，也能多包容比较防备保护自己的伙伴，对方也就比较不会出现防卫或抵抗的行为。若真的有人在性格上比较偏激，至少我们也能看得清楚，而不会陷在里面搅和。

## 用故事拉近彼此的距离，分享真实故事，触动人心

**1. 想办法对别人感兴趣，而非只让自己变有趣**

每个人都渴望受到重视、被尊重、被关心，真心地关注别人的生活细节，最能表现出善意。

**2. 从发问开始**

问一些可以让对方发挥自己观点的问题，如“你为什么认为……？”“你觉得……如何？”避免问太笼统的问题，如“你最近如何？”“最近怎么样？”“有什么新鲜事？”

提出比较符合对方需要或状况的问题，才可能得到较详细的答

案。例如，“你对这一次的竞赛，有没有什么计划？”“你在学校（公司、业务上、家中）有没有什么新的计划？”

**3. 避免交浅言深**

希望对方谈心事时，可以先透露自己的心事，以抛砖引玉，但避免交浅言深。和年轻人分享过往经验，也要点到为止。

**4. 找寻共同点**

人们会受到与自己相近的人的吸引，当发现别人与自己的背景、兴趣、价值观、想法观念相同时，要让对方知道，但不要占据焦点太久，说到足以建立交集和共鸣就好，要把发言权交出去。

**5. 询问对方的目标和未来愿景**

这是建立联结的好方法，如问对方：“如果能出国旅游，想去哪里？”“如果有一笔钱，想怎么花？”

**6. 全神贯注倾听**

专注地聆听，不要在心中分心盘算下一句话该说些什么。

**7. 偶尔点头或出声表示赞同**

通过动作或言语，向对方表达认同，如“嗯！”“是啊！”

**8. 时常重述对方的话**

在发问前，可以简述或稍微重复对方的话，证明你的确知道他的意思，也对他的谈话内容有兴趣。

**9. 倾听原则**

尊重，不批判；保密，不张扬；不给建议，除非对方要求；多肯定、多鼓励，让对方感受到温暖、支持与关心。

## 第三节

## 良性冲突是有建设性的

在我们的生活中，人际相处会有冲突，不管是朋友间想法、做法的差异，或是公司同事间的立场不同、应对进退经验不同，家人或伴侣的价值观、生活习惯不同，甚至有些人在沟通时带有强烈的情绪反应等，这些都会造成“冲突事件”。只要是有人的地方，就有江湖；**有人的地方，也一定会遇到冲突。**遇到冲突时，该如何处理？怎样才能降低影响，甚至让危机变成转机，就是我们接下来要探讨的问题。虽然有些案例是公司组织内的例子，但其实也适用在很多不同情境中。

通常很多人会认为冲突是有害的，造成冲突的原因是沟通不良、缺乏信任与坦承、对需求与期望没有适当回应等，而且冲突有时会与暴力、破坏、非理性行为画上等号，必须避免；也有人认为冲突是在人类关系和团体中，一定会发生的，所以要与冲突共存、接受冲突的存在，不用大惊小怪；甚至有人认为适当的冲突，可以保持人际间或团体内的创意激荡、自我省思和团体内动力，所以不但不用避免，还要适当的鼓励。一些知名大公司，经营多年，但因为高层的意见都相同，没有其他声音，导致该公司跟不上时代潮流的变化，最后走向没落；又或者夫妻间从来都不吵架、没有冲突，就代表很和乐？还是有潜在内心没有说出来的话？

到底冲突是什么？冲突的正式定义是：**互动的双方（或多方），对于达成同一个目标，有不相容的观点，甚至在行为上也有（或将会）去破坏**

**彼此达成目标的能力**。所以冲突是当事人必须觉察到的，不管是当下的冲突或是即将发生的冲突，只要彼此要达成的目标会受另一方影响，就会是冲突。

## 适当的程序与任务冲突，对组织发展是有建设性的

对公司组织来说，如果某些冲突可以支持目标达成、促进绩效提升，那这样的冲突就是良性的、有建设性的冲突（functional conflict）。而**如果冲突会破坏信任、妨碍绩效达成，那就是恶性的、破坏性冲突**（dysfunctional conflict）。如何知道哪些是建设性冲突，哪些是破坏性冲突呢？

冲突有三种类型：**任务冲突（task conflict）、关系冲突（relationship conflict）和程序冲突（process conflict）**。任务冲突指的是和工作内容与目标有关的冲突，关系冲突是因为人际关系而造成的，程序冲突则是和如何完成工作的流程有关。从研究中会看到**关系冲突**大多是关于人际间的摩擦、敌意，所以都是有害的，**会降低彼此信任与团队共同合作的能力**。**程序冲突若能保持在低强度**，表示成员会放一些注意力在流程上，**能帮助团体思考流程该如何改善**，所以是好的；但若强度太大，则会造成流程混乱、任务角色界定不清，成员无所适从的状况。若是成员间能有“对事不对人”的默契，**中低强度的任务冲突，也可以促使不同的意见和观点被彼此看见**，只要能妥善引导讨论，并整合成最后的共识，就是有建设性的。

## 从五阶段冲突历程中定位冲突现况

在生活中，我们需要地图来为自己定位，才知道自己在哪。而冲突的历程可以让我们知道自己处在冲突的哪个阶段，该往何处处理。

**五阶段冲突历程：**

### 阶段一：潜在对立

在组织中，因为**沟通不良、组织的结构问题、个人因素**三种原因，造成发生潜在冲突的可能。**沟通不良**包含之前提过的**沟通渠道干扰、语意误解**等。组织的**结构问题**是因为**在公司里待的部门和职位不同**，部门和部门间因为被赋予的目标不同，原本就容易产生冲突。业务部门要想业绩好，就要不断出货卖出产品；但生产部门却要管控品质、存货；而财务部门要控制成本、现金流，于是冲突就潜伏在其中。**个人因素**包含**个人关系、价值观差异、个人特质**等。

### 阶段二：发现与感受到冲突

当阶段一的情况出现时，还需要双方都发现与感受到，冲突才会发生。这是很重要的阶段，**如何看待这些潜在对立，会决定冲突朝良性或恶性发展**。只有将情绪朝正向角度引导，才能将潜在冲突通过创新的解决方案，转化成正面的结果。

## 阶段三：处理冲突的意图

依照**"想要用何种方式回应冲突"**，可以从两种向度来看解决冲突的意图，一个是**合作利他**（试图满足对方需求的程度），一个是**坚持己见**（试图满足自己需求的程度），在这两个向度中，可看到五种主要回应的意图：

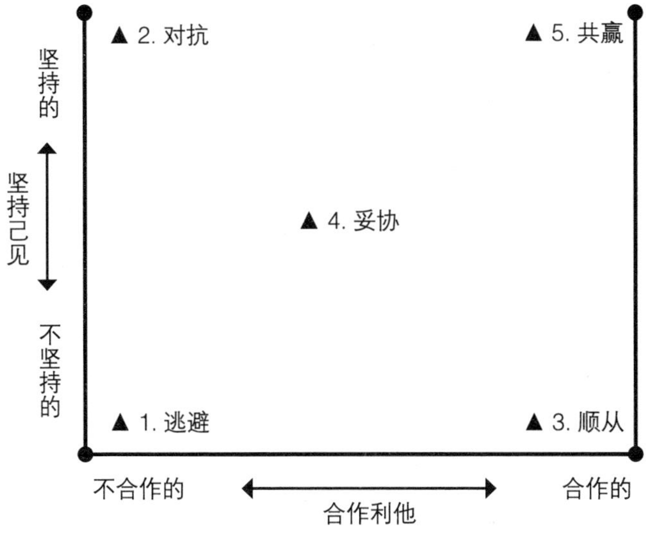


**· 意图 1 "逃避"：**

忽略冲突，并逃避面对意见不合的人。

**· 意图 2 "对抗"：**

采取竞争姿态，只顾自己的利益，企图说服对方自己是正确的，不顾对方所受的影响。也包括让对方偏离原本的方向，或让对方分心而忽略目标。

**· 意图 3 "顺从"：**

跟随对方的观点立场，愿意牺牲自己的利益，成全对方。包括让自己完全被掩盖。

- **意图4 “妥协”：**

双方都有放弃某些立场、观点、利益，接受不能完全满足彼此需求的方法。也包括改变立场（location）、改变方向（direction），或只被对方改变自己最在意的那一点。

- **意图5 “共赢”：**

找出双方都能被满足的方案，需要靠创意将要分的饼做大，创造双赢。

人们在处理冲突时，通常会有自己习惯采用的特定意图，了解自己在处理冲突时最常见的反应，有助于在冲突时提醒自己，这样的意图是不是适合？而组织也可以提倡在各种不同的情境中，最被期望的意图会是哪些。可以通过专业设计的心理测验来了解自己最适合的意图。

## 阶段四：外显的行为反应

处在这个阶段时，冲突已经**从隐藏的意图浮现成具体的行为**，并且外显出来，所以很清楚就能看到，包括双方的言论、行动等不同程度的反应。从只是意见不合的口角，到公开质疑挑战、言语攻击，甚至到肢体冲突、公然决裂等。此时就需要采用一些冲突管理的技巧和方法来解决了。

## 阶段五：结果

**良性冲突**的结果是，建立共识，鼓励多元的意见。若成员愿意为了改善现状而提出问题与意见，只要避免破坏性的情绪或攻击，通过适当的引导，绝对能帮助团体的效率提升。而且团体成员组成异质性高的团体会比同质性高的团体更有创意、更容易获得较高品质的解决方案。反之，**破坏性冲突**所形成的失控与对立情绪，会导致团体信任危机和团体瓦解，这是需要避免的。

## 自我成长练习

### 现场处理冲突的技巧（来自加拿大完形治疗大师塔克·菲勒）

**1. 先取得双方愿意解决的意愿与共识**

如果有一方不想和解，或刻意要伤害对方，那就没有什么技巧可以协助转变，所以要先取得双方愿意协商的共识。

**2. 聆听与大声复述**

在当事人叙述时，务必将你所听到的内容大声复述出来，以确认你是否正确接收了。

**3. 由双方决定谁先说话**

先说话的人A陈述完后，协助者先复述确认是否正确；再转而询问另一方B，A所说是否属实。若B觉得有部分情况不符合，询问B是哪些，再反问A是否如此。

**4. 不预设立场**

协助者先不预设立场，不主观判断，要完全把自己当成白纸，专注地聆听双方意见。让自己处在一种“空”的状态下，承接双方的内容。

**5. 朝向“YES!”前进**

忽略“不要什么”，而问双方“要什么”。寻找共同都能接受的点。

**6. 重新架构问题**

用更大的角度和框架来定义问题，协助双方看到新的可能性。

# 第四节
# 让自己表现良好的情绪管理哲学

## 觉察你身边无所不在的情绪氛围

在我们每天的工作和生活中，随时都会与自己或别人的情绪共处。情绪就像空气一样，包围在我们身边，有时候淡淡的，淡到完全觉察不到；但有时候却又波涛汹涌，简直就要将人淹没。在情绪的河流中，我们都漂荡在其中，有的人可以随心自在，有的人却载浮载沉。

在办公室里仔细瞧瞧每个人，感受一下，会发现其中充满各种情绪。有安静专注的人、有紧张焦虑准备简报的人、有偷偷嘀咕抱怨的人、有全力冲刺业绩的人、有热闹八卦的人，也有失意沮丧的人。除了每个人的心情，办公室里的气氛往往也都会有一些固定的基调。回想一下，在你平日工作的场合，办公气氛是严肃安静的、轻松充满活力的，还是快速又紧张的？

而在“家”这个小组织中呢？当你回到家中，气氛是放松温馨的、冷漠批判的、平淡自在的或冲突火爆的？还是也时常有喜乐洋溢的时刻？在家中常出现哪些心情（情绪）？你期望的又是什么样的氛围与心情呢？

通过电影，我们也可以看到其中的主角和家庭成员间或是在职场组织里，都是处在什么样的“情绪氛围”中，以及这些氛围对剧中人物的影响。

**这些环绕在我们周围的“情绪氛围”，有些是我们自己的，有些是家人、**

**朋友、同事、主管的，也有些是社区、社会大环境的，它们都会在无形中影响我们的日常生活**。身边的情绪氛围大家只要敏锐些就能感觉到，就不多说了；组织中或社会大环境所形成的氛围，会带给我们更多无形的影响。比如，金融海啸后，台湾地区普遍弥漫着一种不景气的感受；黑心油、黑心食材、塑化剂带给大家“食品不安全”的担忧。诸如此类的事件，都会影响我们平日的情绪。

由于情绪的产生与对我们平常的影响是很复杂的，不同的专家从包含生理、心理等不同角度切入，会有不同的观点和方法。所以在探讨**如何在生活与工作中与情绪相处得更好、更能将情绪转化为对我们有帮助的力量**这件事上，可以采用一种务实的观点，就是**“对你的生活（工作）有没有实际上的帮助？”**因为有些方法适用于A君，却不一定适用于B君。只要是实际上有帮助的，就是我们可以参考的架构。现在就让我们来仔细看看“情绪”究竟是什么。

## 情绪和生理、心理、认知、行为反应息息相关

一般来说，情绪（emotions）是指**因为某个刺激（人、事、物）而产生身体和心理上的一种有张力（intense feeling）的感觉和反应**，是由生理反应、心理反应、认知反应、行为反应四个层面的互相作用而形成的。当我们经历某种情绪时，很自然地会有**生理反应**伴随，如心跳加快、呼吸急促、手脚发抖无力等，不同的情绪有可能会带来相似的生理反应，所以有时候还会通过**认知反应**来诠释为什么会有这样的生理感觉，因为每个人诠释的不同会引发不同的情绪。例如，遇到工作上的难题，如果解释成“挑战”，就会激发出高昂的斗志；如果解释成“阻碍”，就会造成挫折和沮丧。

**心理反应**是体验到情绪时的主观心理感受（开心、紧张、不安、难过、振奋……），被称赞时会开心、被指责时会难过、事情做得好会很振奋等，都是主观感受。同样是当众被称赞，有的人会很自在雀跃、有的人却觉得不想太出风头，而因此感到羞涩。有些情绪也会引发相对应的行为反应，如生气到要暴力相向、开心到开怀大笑、无助惊恐到手足无措、沮丧悲伤到暗自流泪等，都是因情绪而产生的相对应的行为反应。

有时我们也可以通过外在行为观察、猜测或判断对方处在什么样的情绪中。同样是学生吵闹，认知上觉得"这是正常现象，只需要适当引导"的老师，就比较不会产生情绪，行为上就会循循善诱；觉得"学生不受教"的老师，就容易生气、出现板起脸来训斥的行为表现。同样是丢掉大客户，有的主管觉得没关系，再经营就可以了，心情起伏就不会太大，行为上就会激励部属再接再厉；反之若觉得都是部属的问题，就可能大发雷霆、对部属吹胡子瞪眼睛。

## "情绪状态"瞬息万变

我们每天随时会处在各种"**情绪状态（emotional state）**"中，情绪状态通常只有瞬间短暂的几秒钟，是情绪最小且最快消失的单位，是被某种经验刺激后激发出来的。这种经验可以是**外在真实世界中的事件**，如另一半的甜言蜜语带给你的被宠爱感、收到孩子在母亲节亲手做的礼物所带来的快乐、突然冲出来的汽车带来的惊吓、假日还要加班的愤怒、完成工作的满足感与成就感等；也可以是**内在心智活动**所产生的，如想象自己未来三个月后完成案子的满足、反省过去某些事件的懊悔（或喜悦）、对外来不确定的彷徨感，等等。通常，因为情绪就像河流一样瞬息万变，所以这些情绪状态出现后，很快就会被下一个情绪状态所取代。

## “心情”是持续的“情绪状态”，是种感觉

上一段提到，情绪状态通常会很快改变，而**心情（moods）**，是当我们处在某一种情绪状态中，不会很快改变却维持一段时间（几分钟、几小时或几天）的**一种持续的感觉**。人有各式各样的心情，如考试放榜前的忐忑不安（从考完持续到放榜那刻）、跟客户谈一个案子希望能成交的期待感（从约访开始到最后促成的过程）、谈恋爱之后的患得患失（因为对方的反应而产生的持续感觉），又如做了一个案子很成功（事情的刺激），会觉得很高兴（情绪状态），过了一会儿后，原本高兴的强烈情绪，可能会慢慢转变成一种淡淡的愉悦或很有信心的心情。

**情绪特质（emotional trait）代表一个人在情绪上较容易倾向的状态**，是指可以长期代表你自己的感觉，从你身上可以很容易感受到的某种情绪。例如，有人很敏感，她的**心情可以因为不同的事情在短期内有变化**，如因为谈恋爱而患得患失，同时又因为考试要放榜而忐忑不安，但她的**长期情绪特质**却是过于敏感（太感性）。而有的人是属于“易怒”的情绪特质，不管遇到什么事情、在什么场合，或遇到哪些人，都很容易处在愤怒中。**当你有某种情绪特质，就很容易增加“体会到该情绪状态”的机会**。

读到这里，回想一下你自己和身边的人，感觉一下你们可能属于什么样的情绪特质？是温柔而善解人意，还是暴躁易怒，或是多愁善感，抑或是坚强不屈？

## 用正确的角度看待情绪

有时候情绪常常被误解为不好的、不成熟的，或是缺乏自我控制的表现，

但其实**情绪本身有它存在的价值。情绪就像一种能量，能让我们趋吉避凶**，对于追求想要的事物的渴望，会成为我们的动力；在危险情境下的生理反应，如肾上腺素分泌、交感神经作用，会促使我们精力充沛，让我们瞬间更警觉、敏锐，更有力气，能随时准备行动；适度的紧张或压力会让我们处于备战状态，能有更好的表现；担心案子不能通过，所以会更用心地准备、更注意要交的资料是否符合要求；丰富的情感世界，让我们在沟通表达时更生动、更有人情味、更有同理心、更有自己的特色，而不是死板的、没有情感的机器人；也因为人们的丰富情绪，才有多样的艺术创作、文学作品、戏剧演出和发明等产生。所以接纳情绪、适当地表达与运用情绪的能量，是相当重要的。

## 情绪的表达是通过学习而来

心理学家通过观察婴儿发现，人类至少有**恐惧**、**愤怒**、**爱**三种**基本（原始）情绪**（basic/primary emotion）是天生不用学习就会的（有些研究会增加快乐、哀伤、欲求、厌恶），其余的情绪是在成长过程中慢慢衍生出来的**次级（复杂）情绪**（secondary emotion）。而如何**表达情绪**则是**从小在父母、家人、老师、同学、媒体、社会文化等的影响下学习来的**。

比如，有的家庭表达“爱”的方式，是默默地关心付出，而不是用嘴说，有的家庭是用“威胁”来控制孩子的日常行为；欧美社会见面习惯用拥抱来表达亲近，对情感的表达比较奔放，东方人对情感的表达则比较含蓄；日本人喜欢用鞠躬表达敬意，甚至用下跪来道歉或表达请求的诚意。

此外，每个人天生情绪的强度不同，有人强烈且明显，有的人内敛而隐约。外向的人，较容易展现出情绪，内向的人则比较收敛。我们也要接受每个人都有自己的情绪强度。

## 情绪管理五步骤

情绪管理并不是要压抑自己的情绪，可参考下列五个步骤，进行觉察与处理。

### Step1 觉察自己的情绪状态

可以从静下心来感觉自己身体的变化开始练习（如身体哪个部位较紧绷、哪边会酸疼等，也可以通过将注意力放在呼吸上，来细腻地觉察身体）。把注意力重新放回自己身上，让自己安静下来，持续地问自己现在的感觉是什么、觉察自己心里有哪些内在自我对话的声音。

另外还有一个练习方式，是练习开启自己五感的感官感受力（如戴上眼罩一段时间，让自己只能用“耳”听这个世界、用“手”触摸周围环境等）。当五感的感受更细腻时，对自己的“感觉”也会有多一些觉察。

### Step2 接纳自己

接纳自己当下处于哪个情绪中。当自己能接纳与承认处于某情绪中时，才能真正去面对情绪，然后找到跟情绪共处的方式。例如，有人明明语气很愤怒，却一直说：“我没有生气、你不要说我在生气”，表示他其实并没有接纳自己是愤怒的，他的内在解释和外在呈现出来的愤怒并不一致。当他接受自己生气了，才有可能接着了解自己到底是在气什么，并且找到可以调整情绪的方法。

## Step3 辨识真正的情绪感受

就是确认真正的情绪感受，以及可能造成的原因。例如，父母很生气地责骂小孩，其实最原始的情绪可能是对孩子没有达到期望而感到失望，却转变成次级情绪（愤怒）的呈现，甚至加上打骂的情绪反应。如果父母没有觉察到是因为心底的失望感，而只针对不当的“愤怒”来处理，就可能只会为愤怒而道歉，但以后还是有可能因为“失望”的情绪，而再衍生出其他情绪。

## Step4 用清楚而适当的方式表达

确认自己的情绪后，接着就是在正确的时机，用清楚而适当的方式表达。所谓正确的时机，是指找适当的场合与较稳定的状态进行沟通。当双方处于争吵的情绪中，往往有很强的情绪张力，这种时候先暂时离开现场会比继续待在那里试图沟通有用。在表达情绪时要尽量避免直接放纵的情绪宣泄和攻击，让自己尽量平静理性地陈述事实。

## Step5 给情绪一个空间

有时候尽管我们已经知道情绪是什么，以及它为什么会产生，但还是有强烈的情绪存在时，就要给予情绪一个空间。允许自己有一小段时间先沉浸在情绪中，通过音乐与情绪共振、用文字书写心情、用歌声抒发能量、用运动排除烦闷、用绘画表达感受、找好朋友哭诉，甚至在家中大醉一场等你喜欢的方式来疏通情绪。

## 组织中的情绪表现

如同前面所说，每个人的情绪特质、心情和表现情绪的方式是如此不同，在组织中有那么多成员聚在一起工作，该如何让每个人的情绪都发挥到最好？这种时候我们就需要练习如何在组织中表现自己的情绪。

不可否认，每个人都会有自己“**感受的情绪（felt emotions）**”——内心真实感受到的情绪，和“**表现的情绪（displayed emotions）**”——工作上被要求表现出来的情绪。每个组织可以接纳的情绪范围是不同的：有的公司较开明、鼓励良性冲突与竞争；有的公司要求一板一眼，情绪的流露不被接受；有的公司充斥着私下的埋怨、诋毁。当我们处在一个环境中，先了解这个组织对于情绪的表达有哪些规则，是很重要的。有些人处理事情的能力很强，却因为忽略了在组织中适当的情绪表达分寸，而影响他的升迁或上司与同事对他的认同。

**情绪性行为（emotional behavior），是指因为情绪因素而造成的行为反应与变化**。每个人对情绪的反应不同，从家庭、社会文化、人际相处中，我们学会不同的反应方式。心情不好的时候，有人会找朋友倾诉、有人会吃东西、有人会找人挑衅起冲突，这些都是情绪引起的行为反应。在私人领域，朋友或家人可以包容我们的“直率”个性，但在职场上，就没有人有义务承担这些了。

这个部分，也是**情绪劳动**（**emotional labor，是指要求员工在工作时需展现某种特定情绪以达到该职位工作目标的劳动形式**）会提醒我们的。例如，一线服务人员要很亲切、语调温和有礼；工作团队之间要彼此关心、支持；销售人员要主动出击、感染顾客；领导者要有情绪感染力，越是浑身是劲、活力充沛、热血沸腾的领导，越能感染下属；客服人员在接到投诉时，必须耐心地解释说明。

工作性质不同，被要求的情绪劳动形式与强度也不同。例如，法官就必须克制自己的情绪，尽量公正中立。每家公司所要求的情绪反应都不同，但通常对于恐惧、忧虑、愤怒等较负面的情绪，大多不能接受。

在组织中，每个人都会相当程度地被要求或被训练要具备的 EQ（情绪智商），要能够体察自己与别人的情绪，也能适当地表达、调整与运用情绪。其中包含以下五个能力：

1. **自我觉察（self-awareness）：了解自我感受的能力；**
2. **自我管理（self-management）：处理自我情绪及冲动的能力；**
3. **自我激励（self-motivation）：面对失败挫折的自我恢复力；**
4. **同理心（empathy）：体谅他人及了解他人的能力；**
5. **社交能力（social skills）：善于对待及处理他人情绪的能力。**

读者可以自行评估自己对这五个能力的掌握状况，再看有哪些能力需要加强。根据目前西方国家最新的研究，由于脑科学的进步，已经可以侦测并证明，通过长期持续的练习，可以改变大脑内的情绪系统，让我们将更好的情绪能力运用在生活和工作中，追求我们想要的幸福，这真是一个很棒的情绪管理里程碑。

# 第五节
# 面对压力与调适压力

生活在现代，相信很多人都会觉得充满了各种压力。有来自**大环境的压力**（经济是否景气、消费指数会不会再涨、社会发展方向与前景等），也有**工作上面临的挑战**（业绩怎么提升、绩效怎么更好、任务怎么完成等），以及**生活上的各种压力**（生活消费、夫妻关系、婆媳关系、子女教养、父母照顾、养老等）。

对每个职场上的工作者来说，大大小小的事情都是肩头上的压力。有的人觉得游刃有余，有的人感到沉重吃力，有的人勇于挑战，有的人则退缩逃避。该怎么提升自己面对压力的能力，甚至在逆境中持续挺住、守得云开见月明，就是这一章我们要讨论的重点。

对于压力，不同学者也有不同的研究与看法。我们可以将压力看成**一个人在受到内外在刺激因素（压力来源 stressor）后，自己怎么解读和处理，然后所产生的反应状态（压力反应 stress reaction）**。可以分成**压力来源**、**个人内在处理过程**以及**压力反应**三个部分来细看。

同样的压力来源，因为每个人不同的解读，会产生不同反应，这点在之前有跟大家说过。

| | |
|---|---|
| 压力来源<br>stressor | • **外在环境因素**（政治、经济、科技进步）<br>• **组织内部因素**（工作角色、人际协调、目标任务、组织结构、领导风格、组织周期）<br>• **日常琐事**<br>• **生活压力**（家庭状况、经济理财等） |

↓

| | |
|---|---|
| 个人内在处理过程<br>inner-process | • **个人性格与特质差异**（工作经验、内控外控）<br>• **认知诠释与解读**（解释形态：乐观与悲观）<br>• **人际关系**（支持网络） |

↓

| | |
|---|---|
| 压力反应<br>stress reaction | • **生理反应**（头痛、高血压、心血管疾病、胃溃疡、食欲不振）<br>• **心理反应**（焦虑不安、紧张、消沉疲累、苦闷、满意度低）<br>• **行为反应**（抱怨、旷工、离职、突然抽烟喝酒、坐立不安、绩效降低） |

谈到压力，有一点要注意，其实压力不见得都不好，**适当的压力往往是进步的来源**。这一点很重要，要先置入脑海中。比如，没有考试压力，学生可能不会太用功读书；没有业绩压力，业务员可能不会积极开发业务；没有同业竞争，产品和服务可能改善和进步的速度就会慢一点。

每个人都需要相当程度的压力来驱策，**最适当的压力强度是比个人能力再高一些**，这样最能激发个人潜力。压力太低会让人松懈而不容易进步，压力太高则可能会费尽全力还是不能克服，导致损耗过多，不易恢复原本水准，比自己能力再高一些的压力，可以扩张我们的能力，就像之前的一个热门公式：**1.01 的 365 次方 = 37.8**，每天多进步 1%，一年下来，可以进步 37 倍；**0.99 的 365 次方 = 0.03**，每天如果退步一点，那一年下来，我们还剩下的能力也会很有限。

## 检视自己的压力来源和生活事件

要进行压力管理，第一步就是先检视自己的压力来源与压力属性，压力来源包含以下几点。

**1. 外在大环境因素：**

如**天灾**（地震、台风、暴雨、泥石流等）、**经济**（油电双涨、无薪假期、薪水难涨、物价消费指数创新高）、**社会发展状况**（社会议题、食品安全）、**社会风气**（追求名牌、跟风效应、媒体炒作）、**文化制度习俗**（婚姻制度、教育考试制度）等，都是会对我们造成压力影响的外在大环境因素。例如，在经历塑化剂、三聚氰胺奶粉等事件后，大家对食品安全极度关注，大概都会担心自己或家人可能吃到有害健康食品而产生压力。

**2. 公司组织内部因素：**

包括**在有限时间内，必须达成任务**（业绩成交、新产品研发、生产交货）、**工作环境与设备是否安全舒适**、**员工相处是否和谐互助**、**主管领导风格**是否给员工成长空间、组织面临的**产业现况**等，这些也都会形成对个人的压力。

**3. 日常琐事：**

**每天重复、例行遇到的问题与事情**，如出门塞车、家人吵架、生活开销、睡眠不足等，这些琐碎的小事务，每样的影响力都有限，但持续累积的结果却是相当可观的。

**4. 造成生活改变的事件：**

生活中一些事情的变动，都会让我们原本平衡的模式受到影响。尤其是突然的变动，更是我们必须去调整和适应的。

下表是参考国外学者（豪尔曼斯和拉厄）和我国台湾地区学者（苏东平、卓良珍）等的研究，所综合整理出来的**“生活事件冲击指数”**，给大家参考。如果你或身边朋友在半年内有遇到下表中的事件，就要特别留意调适心中的压力了。

**生活事件冲击指数表**

| 排名 | 生活事件 | 冲击指数 | 排名 | 生活事件 | 冲击指数 |
|---|---|---|---|---|---|
| 1 | 配偶死亡 | 86 | 17 | 负债超过四十万元 | 44 |
| 2 | 近亲死亡 | 77 | 18 | 好友死亡 | 43 |
| 3 | 牢狱之灾 | 72 | 19 | 性行为困扰 | 43 |
| 4 | 离婚 | 68 | 20 | 怀孕 | 43 |
| 5 | 个人身体有严重疾病 | 61 | 21 | 与配偶和好 | 41 |
| 6 | 事业上有重大转变 | 60 | 22 | 改变行业 | 40 |
| 7 | 夫妻分居 | 56 | 23 | 与配偶大吵 | 40 |
| 8 | 家人健康重大改变 | 55 | 24 | 家中有新成员 | 40 |
| 9 | 负债未还/抵押被没收 | 53 | 25 | 职务上有重大改变 | 38 |
| 10 | 被解雇 | 53 | 26 | 配偶开始或停止工作 | 26 |
| 11 | 重大的财务状况改变 | 51 | 27 | 个人习惯改变 | 24 |
| 12 | 结婚 | 50 | 28 | 与上司不和 | 23 |
| 13 | 家庭人数有重大改变 | 45 | 29 | 住所改变 | 20 |
| 14 | 个人杰出成就 | 45 | 30 | 转换学校 | 20 |
| 15 | 退休 | 45 | 31 | 睡眠习惯改变 | 16 |
| 16 | 儿女离家 | 44 | 32 | 放假（假期、节日） | 13 |

计分方式很简单，就是把自己半年内所经历的事件打钩，将相对应的冲击分数相加就是得分。

**分数表**

| 分数 | 压力程度 |
|---|---|
| 300 分以上 | 重度压力 |
| 200~299 分 | 中度压力 |
| 150~199 分 | 轻度压力 |
| 149 分以下 | 轻微（无）压力 |

以往我们觉得只有不好的事情会产生压力，而从这个研究中可以知道，**有些令人开心的事情也会带来压力**，如结婚、放假、节日等。上面这个表格是让大家作为提醒自己目前压力状况的参考工具。因为每个人的解读不同，所以实际感受到的压力指数也不一样。这份经典研究的原始资料收集于20世纪80年代，其中排名17的“负债金额”在当今社会，需要依物价指标转换，请读者自行参酌。而多少金额会导致心中压力，每个人的主观感受也会不同，在实际运用上要谨慎。

值得注意的是，除上述的外在因素外，**压力持续的时间长度、压力的强度，以及压力是否可以事先预测**，也都会影响我们受压力的影响和对压力的承受力。

还记得2011年时，我在8月底公证结婚，10月初宴客，就在我10月中旬要去蜜月旅行的前3天，六十多岁的父亲突然心肌梗死离世；隔一个月，九十多岁高龄的祖母也于睡梦中安然离开。那两个月，我先后办完父亲的后事与参与祖母的后事，然后12月时发现我太太已经怀了女儿，一个新生命即将诞生。在那半年中，我很快地经历了人生的生老病死，几个重大变化。

2012年1月时，有一度我突然感觉，生命就好像电影一样，在自己眼前一幕一幕就这样放映着。一个人的一生到底会画下怎样的句点？又会经历怎样的过程？怎样才算没有白走这一遭呢？

当时我的心情有好一段时间受到不小的影响，如果不是因为女儿即将诞生，而我自己也有警觉当时心情有些状况而做了些处理，恐怕受到的波动和影响会更大。

## 了解自己面对压力的内在过程

**在面对压力时，个人内在状况是最关键的一环**。包含生理状况、心理特质（自我概念、事情掌握度）、认知诠释、问题解决能力等，都会影响个人最后回应压力的方式。在生理状况上若是能保持健康和良好的体能，面对压力时也会有比较充沛的能量来应对。

心理特质有很多，我们先挑几个比较重要的来看。

**1. 自我概念是否积极正向：**

是否有自信（可参考第一章），会影响人们怎样面对压力。有自信的人，面对压力事件时较有勇气、较能接受挑战，比较能采取积极的行动。

**2. 对事情的掌控度：**

这里指的是自己可以控制生活中事件的程度。如果**觉得大部分的事情都是自己可以掌握的**，是**内控型**的人，则会认为一切操之在己，只要努力就一定可以达到；若**觉得事情是由外在因素决定**（包含运气、其他人的决定），不能因自己的努力而改变，则是**外控型**的人。内控型的人，相信自己可以改变，会比较积极，所以压力会小一点；外控型的人会觉得是外界因素造成的，较被动，所以容易累积较多压力。（内、外控这点跟第一章提到的内、外在归因是一样的意思。内、外控特质没有绝对的好或坏，太极端认为自己可以控制一切或者觉得自己完全没办法掌握，会变成过度乐观，或是过度沮丧。所以先提高自己对事情掌握的程度，也有助于提升面对压力时的自信。）

**3. 对自己的期待：**

若是对自己的期待超出能力太多、过于追求完美，希望每件事情都能“完美解决”，就会产生很大的压力。**这些期待和价值观，都是受幼时和过往经验影响**。要调整“期待过高”的情况，可以参考第一章曾提过的方法，将大目标切成小目标，并挑自己现在可以完成的开始做。当事情开始有点成绩时，就能增加完成目标的信心。

**4. 解决问题的能力：**

当遇到压力事件时，若有能力快速**厘清问题所在、把握解决问题的优先顺序、订立具体可执行的目标、找出各种可行方案、挑选最佳方案，落实执行并追踪修正**，就比较可以解决压力事件，减少压力的累积。

## 压力的调适与因应

综上所述，当压力来临时，我们可以采取调适和应对的策略。**调适**（adaptation）是指调整自己内在的情绪和状态，让自己能先接受压力的存在和安抚自己受到压力伴随而来的负面影响；**应对**（coping）则是指整合自己内外在的资源、采取行动，解除问题和消除压力。

在谈到面对压力时，有一个很重要的关键是，要了解与避免受到自动**防御机制**（defense mechanisms）的影响。有时候当面对的压力太大，让我们一时无法承受、不愿面对时，我们会本能地用某些方法来保护自己，如否定、合理化、压抑、投射等，使自己能避免在第一时间面对超出负荷的现实状况，本质上不会改善外在的压力情境，而只是暂时改变我们的想法和感觉，保护自己不受伤。

几个常见的防御机制反应如下：

**1. 否认反应（denial）：**

**面对突如其来的噩耗，会用拒绝承认现实来保护自己。**比如，突然知道自己得了癌症，有的人一开始会拒绝相信；家人突然发生意外，有些人完全不愿意接受，会相信还是有机会、还是有希望出现奇迹的。

**2. 合理化反应（rationalization）：**

**对于有威胁性或有压力的行为，会找一个自己和外界比较可以接受的理由，来取代真正的理由。**比如，业绩不好，不说自己不够努力，而是说经济不景气；自己得不到的东西，都挑剔说不好的“酸葡萄心理”；只要是自己得到的（即使自己不一定很喜欢）就会大力吹嘘有多好的“甜柠檬心理”，都是合理化的反应。

**3. 压抑反应（repression）：**

是指**把某些会引起我们焦虑的需求、渴望或冲动等的事情压制下来，排除在意识外**，以避免外界不能接受，或避免感到痛苦、焦虑等情绪。比如，有的人明明很生气，但从小的教育教他必须有礼貌，所以他就自动化地把愤怒往肚子里吞，没有表达出来；又或者有的人觉得要乐观正向，不允许自己感受到负面的情绪。事实上这些情绪并没有消失，只是被压抑到潜意识中，化明为暗，默默影响他而不自知。

**4. 反向反应（reaction）：**

有时候**为了掩饰内心的真实状态以减低焦虑不安，我们反而会表现出与自己真正动机、需求相反的行为。**比如，自卑的人，往往会虚张声势，以掩盖自己的不自信；明明很不喜欢眼前这个人，却故意表现得很热情，来遮掩自己因为讨厌对方而产生的罪恶感、不安感等。就像恶人先告状一样，先丢出烟幕弹，让自己可以置身事外。

**5. 投射反应（projection）：**

有时候我们会**把自己身上不喜欢的缺点，或较不被认可的特质和行为，不自觉地投射在别人身上**，很自然地指出他人有这些缺点，并加以放大、抨击，以转移注意力、降低焦虑。比如，不喜欢自己太骄傲，却很容易看到别人很骄傲；不喜欢自己太市侩，往往也很容易看到别人势利、现实的一面。

6. **消除反应（undoing）：**

有时候我们会做某些事情来预防或弥补自己的行为所引起的愧疚或罪恶感，或是通过某些行为带来期望的效果，以减少焦虑和压力。比如，先生有外遇时，突然对太太特别好，以弥补愧疚感。另外，有些人希望赶走厄运、带来好运时，会做出一些动作或仪式（如头上绑个“必胜”布条、过年打牌穿红内裤等）。

前面提到的这些自动防御机制，其共同点是能够**暂时缓解现况的压力，但并不能直接消除压力，是比较消极的应对方式**。有的人甚至会以酗酒、滥用药物、大量抽烟、暴饮暴食，或过度沉溺于工作或某件上瘾的事情来逃避压力。这些从长远来看都不是好的应对方法。

## 积极的压力调适与管理

**1. 善用时间管理，减少不必要的压力因子**

先列出所有事情的清单，仔细分析评估，依照重要性优先顺序决定一天、一周的活动，将重要但不紧急的事情排在最后，同时了解自己最有效率的时间状态，做最有效的事。

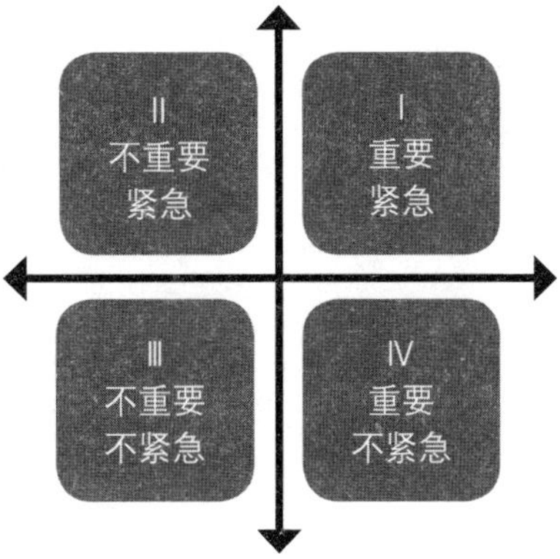


**2. 改变对事情的认知诠释和期望**

如同前面提到的，在面对压力的内在过程中，我们怎样诠释这件事会影响它变成压力或是助力，所以一旦觉得自己有压力，就让自己积极检视分析每一个造成压力事件背后的解读角度，试着从多方面来看，这样就可能不会让自己被局限住。

当被压力卡住时，多问问自己：“事情只能这样解释吗？有没有其他可能性？如果要用比较正向的方式解读，那会是什么？从别人的角度又会怎么看？”有时候尝试用多元观点来看，可以带来更多的弹性和选择。

如果发现自己会要求“完美”时，要留意自己是“一般型完美主义”还是“神经质型完美主义”。所谓**一般型完美主义（normal perfectionism）**是指积极追求成就、能设定合理目标，也能接受失败，当付出的努力得到成果时，会得到满足感。在过程中合理期待能比现在更好，所以对于目标和任务会要求注重细节，但对其他目标外的事情就会较轻松随意一点。

而**神经质型（neurotic）完美主义**的人则会强烈害怕失败，即使已经表现很好，但还是没办法满足、永远嫌努力不够，所以会陷入不断地自我批评中，也极度在意他人的肯定认同，比较缺乏变通的弹性，也无法享受成功的乐趣，这是心理学家博内特（Blatt）在 1995 年的研究。

如果你身边有这一类过于神经质的完美主义者，可以问他：“不完美又会怎么样？每个人都很完美吗？”让他自己去看反例，使他原本很坚固的角色性格开始有些松动。

**3. 增加运动量，适度运动，培养健康的生活习惯**

妥善安排自己的生活，包含充足的睡眠、均衡的饮食、休闲生活，以及培养适合自己的运动习惯等（有氧舞蹈、慢跑、快走、游泳、自行车）。这些都能让我们在平日就调整好应对压力的体质，当压力来袭时，才有足够的能量可以进入战斗状态。

**4. 练习放松技巧，舒缓身心压力**

除第三点提到的良好习惯外，也要在平日就让自己掌握几样已经熟悉的放松技巧或工具，当需要放松时，便能随时启用。包含静坐调息、音乐冥想、自我催眠暗示、泡澡、SPA 等，这些都是平日得先准备好的工具箱。

**5. 扩大社交圈，善用社会支持网络**

有时候人际网络也会是很好的压力疏解与支持系统。有良好的社会支持，能让我们感受到被接纳、被爱、被需要的归属感，让我们感觉到亲密，互相分享快乐、分担痛苦。有人分享的快乐是加倍的快乐、有人分担的痛苦是减半的痛苦。朋友、同事、家人、师长等，都会是我们很好的支援，当我们有高度的社交支持网络，就会降低工作疲乏的可能性，也让我们能较快地恢复活力。

# 第六节
# 创造组织中的正能量

在我平日帮企业进行团队内训时，常会遇到组织中的员工们或者因为地域分隔、部门分工或专心忙碌于自己的任务，而忽略同事间的互动与关心，每天都在一起工作至少八小时，却往往对彼此感到陌生而有距离。有时间接也听过更多背后刀光剑影的故事。

我想对很多人来说，若是自己所待的组织内可以有很好的文化和氛围，那会是相当美好的一件事。接下来我们就来看看可以如何创造组织中的正能量。

## 人际关系对我们影响甚大，甚至可以改变生理功能

由于神经科学的发达，通过医学临床上的功能性磁振造影机（functional MRI, fMRI）拍摄的大脑影像，让我们能一窥大脑中各种以前没办法看出来的机制。知名心理学家丹尼尔·高曼（Daniel Goleman）在他的《EQ》一书中提到，人类大脑的基本功能就是为了要与他人沟通，我们先天就具备与他人联结和互动的神经回路，大脑的这个部分可称为**社会脑（social brain）**。社会脑是人体众多神经机制的汇合处，负责统筹我们与他人的互动，以及我们对人际关系的想法和感觉。

**在情感上与某一个人的联结越紧密，相互作用的力量也越大**，尤其是日

复一日长时间相处的人，也会是我们最关心、最在意的，会引起最强的相互作用力。而人际关系的经验甚至会改变我们的生理功能（内分泌、免疫调节等），**良好的人际关系能让我们更健康**，糟糕的人际互动则会慢慢侵蚀我们的身体（会让压力激素浓度快速提高）。

重复出现的经验，能够改变神经元间的形态、大小和数目，也就是说当你处在良好的人际互动中，大脑与这部分有关的神经回路也会持续被加强；若是长期处在负面的经验中，脑中负面的神经路径也会变强，相对也就更容易引发负面的经验和情绪。

所以**我们和身边会遇到的其他人用什么方式联结、创造什么样的氛围，就显得相当重要**。大脑神经中的社会回路，会引导我们处理生活中的各种人际互动，不管是在家庭中、公司里，或大街上。

## 情绪感染传递速度远快于理性思考，在潜意识路径进行

经由脑科学的实验发现，脑细胞中的**镜像神经元**（mirror neuron）可以让我们感知到他人即将会做出的动作和感受，并让我们能模仿对方的动作，同时体验对方的感受。

当我们的五感观察或接收到外界某人的某种情绪时，大脑神经回路会自动发出信号，让我们产生类似的感受，或者对他人的情绪产生反应，甚至在我们还来不及用理智思考时，**情绪的感染**早就已经**通过理性意识层面下的潜意识路径传递**出去，这也是为什么有时候我们会有直觉的原因。也许我们在理性层面上尚未意识到之前，就已经接收到对方从底层传递出来的许多情绪信息。

情绪系统的传递，远快于理性思考系统好几倍，所以才有人说："人类不是理性动物，而是会找理由的动物。"情绪的交换和传递往往在不知不觉之间完成。比如，当我们看到他人行善时，在心底会产生温暖的感受与振奋感，这样的振奋感也会传染，让我们产生也来做好事的冲动。

而实验也发现，一个人**"回忆自己过去最快乐的经验"**，以及**"听朋友分享，试着去体验好友的类似经验"**（所谓的运用同理心）这两种心灵活动，在大脑中是同样的神经回路。所以同理心也伴随某种程度的情绪分享与共鸣。由此可知，要锻炼同理心，可以从回忆自己过往的快乐、成功的经验开始，提高感受力可以促进正向力和同理心的提升。

## 建立组织中的安全基地和心理契约

在街道上，人来人往中，人们不太在意身边经过的人，也许是要隔绝太多混乱纷杂的刺激，而陷入一种只专注于自身的状态——**"城市迷走症（urban trance）"**，以至于忽略周围人群的迫切需要。在办公室里呢？在你工作的场所中呢？每个人是不是也会太专注于忙碌自己的事情，而忽略了同事的需求，忽略了客户的心情呢？

在第二章我们提过，父母要为孩子提供"安全基地"，让他们在情绪低落，需要鼓励、关怀和支持时，可以有依归，包括心理的、空间的、身体的，让他们觉得自己是安全的。在被疼爱的过程中，会产生一种愉悦感、放松感。

在组织中也是如此，部属如果觉得主管能为自己提供安全基地，可以是有后盾的、被支持保护的，就能全力发挥，将工作上的阻碍视为挑战而不是威胁与干扰。若组织让人觉得焦虑，担心被指责、排斥或解雇，员工自然就容易畏缩。同样的，除了主管之外，同事、职场伙伴或朋友，都可以让我们有安全基地的感受。

有时候关心并不用花太多时间，也许只是一个微笑、只是一个眼神交会的默契。你愿意在百忙之中，花一些时间关心身边的同事、朋友或家人吗？若我们愿意多留意身边的人、事、物，有时只要多付出一点注意和关心，就可以建立彼此的情绪联结，这样的氛围自然会从办公室里传递出去。这也是**涟漪效应**在传递的观念，**每个人都可以成为正能量的源头**，只要从身边小小的关心和付出开始，就能启动正向循环的能量。如果组织中每个人都是这样，组织的气氛自然会越来越好。

在一个团队中，如果从领导者到每一个成员，都愿意共同承诺与遵守、创造属于团队（组织）的共事规则，决定团体成员间的共同期待，以及会如何对待彼此，让团体成员每个人在身体上、情绪上都能感到安全、被支持、能分享的气氛，这样的一种**心理约定**（若能化为书面文字标语或象征更好），就叫作**心理契约**（Psychology Contract）。如果在办公室中能随时看到彼此共同的约定，就能随时提醒大家，我们所承诺会付出的，也可以更有安全感地投入其中。

领导人在和部属相处时，更要注意自己和他们互动时的态度，因为**部属对于自己和上司的负面互动，会留下比正面互动更深刻的记忆**。若领导情绪高昂，其团队成员会感受到比较正面的情绪，协调和互助也会更顺利；若领导人情绪恶劣，其团队成员彼此间难以配合呼应，效率相对较低。当然，凡事没有绝对，恰到好处的怒气，有时也和赞美一样，可以激励部属，就像适当的压力会让人成长一样，只是要怎样拿捏其中恰到好处的尺度，就看大家自己的经验累积了。最后是否合宜的检验，则要看部属之后的表现是不是能有所突破。

这除了适用于主管对部属，也适用在**有权力主从差异**的人际关系间，如老师和学生、父母和子女、医生和病人等。

## 善用教练式领导，发挥每个人的潜在能力

在组织中如何让员工发挥最大的潜能，往往是每个主管要不断思考的。从情境式领导中我们可以看到随着部属在专业能力和工作心态上的不同，主管们也会有不同的切入点。除传统指导式或导师式的领导外，**教练式领导也是一种可以让员工自发性看到问题，并自己找到解决方法的好方式**。

所谓教练（coach），最原始的意思是由一队马匹拉的大型马车，要将重要的人从目前所在地，很舒服地运送到目的地。在职场或人生中，教练会陪伴你走一段路，通过提问的方式，让你厘清现况、排除干扰、找到内在热情与动力，进而协助你走向未来的目标。教练相信每个人已经具备能力、资源，是最了解自己工作和生活的专家，当事人只要善用已经具备的技巧和能力，就能逐步往外扩张经验，实现梦想。

教练所运用的方法和派别也很多元，稍后的角度会以心理学中“焦点解决学派”的观点运用于教练中进行介绍。

从实务经验上看，**当每个人越谈论自己想做的事时，就会越有动力、神采飞扬**；而越是谈自己的困扰、烦恼、负担，往往会越沮丧。在我们讨论未来的可能性时，就会满怀希望，也更有创意和动力产生行动，这会是一种**解决式交谈（solution talk）**；若持续看到问题，就会变成**问题式交谈（problem talk）**，最后困在其中难以自拔。

当然，这并不是不要去看问题，而是要**将“问题思维”转换为“解决思维”**。比如，有人抱怨和同事相处时感到沮丧，一般人的反应是继续问：“发生什么事情了？”于是对话会有一段时间是围绕着已经发生的一大堆问题来发展。若是回答：“听起来你想找个方法来解决和同事相处的问题。”那谈话方向就会稍微不一样，是朝着如何解决来发展的，对话中也会渐渐知道发生

了什么事。以下有一些焦点解决的教练式提问原则，可以作为参考：

**1. 询问好问题，而非告诉对方该怎么做：**

我们很容易会想指导对方，尤其是当你的经验与背景知识优于对方时。但其实很多时候虽然对方表现得好像都有听进去，但是从后续的行为就可以知道，他并没有采纳我们的建议。**通过提问题，让对方自己说出解决办法，他才会有自己执行的动力**。

**2. 已经有效的方法，就继续保持：**

不要试图讨论当事人认为不存在的问题。尊重对方的观点，找出到目前为止有效的方法（即使只有一点点效果，或只是偶尔有效）。有效的方法给我们机会去找到什么能行得通。

**3. 曾经成功的方法，就多做一点：**

不论卡在什么地方，如果发现曾经有方法可以成功克服问题，就仔细找出所有细节，然后重复做，直到累积更多成功经验。

**4. 没有效的方法，就换一个：**

如果现在在用的方法，没办法带来改善，就表示需要另外找方法了。不要期待同样的做法会带来不同的结果。排除那些之前用过却没效的方法，不要重蹈覆辙。

**5. 问题并非随时发生，找出例外：**

总会有些“问题不存在”的时候。找出**是什么因素可以让例外发生**，并且去创造它。

**6. 未来是可以改变与创造的：**

不管现状怎么样，心中一定要有的信念是：**“未来可以经过现在的努力而改变。”**有这样的信念才能让我们不断设法找到解决的资源和方法。

**7. 温和地推动当事人多做有帮助的事：**

若当我们能聚焦在有帮助的事情上，**每一个成功经验不论大小，都可以**

**成为鼓励与支持当事人往前的动力**。所以，已经发现有帮助的方法，就要鼓励当事人多做。

## 以欣赏的角度看待我们曾经做过的事，能为组织带来正能量

在过往的团队训练中，当我问道：**“有哪些是我们做得不错的？”**总会发现大家在讨论时，脸上充满笑容，彼此间有很多互动火花。当我再问：**“有哪些是我们可以做得更好的？”**也会看到大家在很认真地讨论、集思广益。这两个问题，都是**肯定式探询**中会运用到的。对团队而言，回顾哪些是有效的、成功的做法，因为是过去成功的巅峰经验，所以会有很高的能量，能够给予大家信心，让大家在找出关键成功因素后，得以继续思考下一步的发展方向。

## 还可以问哪些问题呢？

1. **回想一下，过去的哪一次经验，让你感觉团队（公司）的表现特别好，可以说说当时的情境吗？当时发生了哪些事？**
2. **回想一下，过去有没有某个时间点，让你感到“以身为团队的一分子为荣”？让你感到荣耀的是什么？**
3. **如果公司有某些让你最珍惜的理由，那会是什么？原因是什么？**

若我们都能将注意力放在让自己和组织变得更好的方法上，那么整个单位内的氛围将会是很正向、很有能量的，我们也将**创造出正向循环**，为彼此带来开心、愉快、很值得在此贡献精力的幸福感，而这些都是可以通过努力创造出来的，祝福大家都能在幸福企业中快乐地工作！

# 第五章 迈向圆满人生的助人心理学

就像科学从古至今会不断进步演化、日新月异，心理学的发展也在不断地演进中。由于不同的时空和文化背景，**每一代的心理学家都会根据当代的环境与氛围，发展出符合当时潮流的心理学**。例如，当今社会网络发达，在微博、QQ、微信等各类媒体陪伴下长大的年轻人，跟以往 20 世纪 60 年代到 80 年代下长大的年轻人，一定会有不同的成长经验，也会遇到不同的问题，很自然会衍生出不同的心理学研究，以解决这些问题。

而每位心理学家、咨询师或助人工作者，也都会因为自己的成长经验、背景、偏好，而选择或发展出某些特定类型的心理学治疗与助人学派。当我在学习这些不同的派别时，总是非常佩服那些能自成一家之言的大师，因为许多有创意的助人方法，就是从他们的临床实务工作中，逐渐整合与发展出来的。许多对这些学派感兴趣的追随者，也陆续跟随与运用，就在这些火花中，一个个学派慢慢成形。若是这个学派能发展出符合当时大众需求的问题解决之道，他们就能不断发展，成为经典。若是随着时间的演进，该学派无法继续满足大众需求，或许就成为明日黄花。不论是怎么样的学派，我们还是应该**向这些前辈、大师们，致以崇高的**

**敬意，因为有他们的积累，我们才能在巨人的肩膀上继续前进**。

如同前面提到的，每个人会因为自己的偏好、背景，而在实务中运用不同的派别解决问题。这一章所列出的，是我自己目前在实务上较偏好的派别。与大家分享其中一些好用的方法，包含**积极心理学、叙事治疗、现实治疗**以及**焦点解决学派**等。

# 第一节
# 从积极心理学谈乐观的学习

即使过了将近二十年的时间我依然记得大三时，在一堂学习心理学的课程后，系上教授邱耀初老师推荐我们看《学习乐观·乐观学习》这本书的画面，以及我看了之后，心底的感受与触动。

书中提到著名的美国心理学家马丁·塞利格曼博士（Martin E. P. Seligman）在当时开始研究推广的积极心理学。其中谈到**"解释形态"**，指的是我们**平常看待与解释生活事件的习惯思考反应**。面对同一件事情，当我们从不同角度解读时，就会引起不同的反应。**悲观的人**，遇到不好的事情都会觉得是自己的问题，而且会持续陷入低潮中很久。而**乐观的人**，遇到同样不好的事情，比较会认为失败是暂时的，其背后都有原因，只要找出来就能克服。

当时的我在做了"解释形态"测验后，发现原来自己的想法，大部分是比较悲观的，于是，从那时候起，我刻意做了很多练习，来提醒与改变自己的习惯思考方式，也因此慢慢能变得乐观一些。

而马丁·塞利格曼博士在之后的这些年里，更是凝聚了许多有共同理念的学者与实务界人士，他们陆续将更多的研究与演练推导出来，包含他在《真实的快乐》与《迈向圆满》这些书中所提到的理论，我都相当喜欢，也持续运用在生活和工作上，整合为自己常用的工具箱。甚至我也和一群朋友们，共同成立了**"正向发展协会"**，希望能将更多正向的好观念与方法，推广到社会更多角落。接着，就让我们来看看，关于如何让我们更快乐、更幸福的**“积极心理学”**在理论和实务上的运用吧！

## 影响我们乐观或悲观的“解释形态”

首先我们来看看影响我们偏向乐观或悲观的“解释形态”。“解释形态”指的是我们平常**习惯**会**怎么解释**在生活中发生的事件。乐观的人遇到事情，会认为现在的**挫折只是暂时的**，失败的原因可能有很多，不完全是自己的错，还得找出其他原因。悲观的人常常觉得凡事都是自己的错，而且很容易感到没希望，或觉得失败会持续很久。

解释形态可以从三个维度来看，分别是**永久性**（永久的或暂时的）、**广泛性**（全面的或特定的）与**个人化**（内在性或外在性）。其中“永久性”和“个人化”这两项，与第一章第二节中提到的归因理论是一样的，差别在**归因理论是针对单一事件的解释**，而**解释形态则是指我们会用一个固定的习惯模式来解释事情**。

以永久性来说，它是指**时间长短的持续性**。乐观的人遇到不好的事情，很多时候会倾向跟自己说，这只是暂时的，过段时间就好了，不会那么“衰”吧？而悲观的人遇到不好的事情，就较容易觉得失败会持续跟着自己，认为自己会长期运气不好，或表现不好，不容易改变。有趣的是，当遇到好事情时，情况却刚好相反，**乐观的人比较会觉得好运是长期的或永久的**，如我的能力好、我的人缘好，“能力”和“人缘”都是一种持久的特质；而**悲观的人会觉得好运是短暂**的，如“**只是这阵子**运气好”“**只是这次**有贵人相助”“**只是最近**我刚好做了……”。亲爱的朋友，当遇到好事或坏事时，你第一时间是怎么想的呢？

而**“广泛性”是指涵盖范围的全面与否**。比如，一个案子失败了，乐观的人会觉得只是单一一个案子出状况，其他部分都很好，不会因此影响其他工作或生活；悲观的人会很容易觉得“自己整个人都是失败的”，因此陷入沮丧，广泛而全面地否定自己。

▶ 面对失败时，乐观者与悲观者的反应大不相同。

再如，如果失恋了，乐观的人当然也会难过，但他比较会将失恋解释成只是自己情感上的失利，不会因此否定自己其他方面的个性、为人处世，或工作能力等。而悲观的人，可能就会觉得整个世界都崩塌了，自己所有的部分都很糟，甚至觉得人生没有希望了。

**“个人化”指的是我们对于引起事情原因的“内在化”或“外在化”**，对于事情的责任，是自己要负责，还是外在环境或别人要负责（类似“归因理论”)。同样以失恋为例，乐观的人倾向觉得是别人的问题、外界的问题，悲观的人则倾向觉得是自己的问题。

这里要注意的是，**乐观并不是要把责任推给外界**，每个人**还是有该负担的责任，更要有面对现实的勇气**。**悲观的人往往会承担太多不需要自己负责的责任**，若把别人的责任和外在的责任都归咎于自己，就是太过“内在化”。遇到好的事情时，乐观的人大多会认为是自己的原因，悲观的人则会觉得是别人或外界的原因。当然，并不是要一直争功或过度自我感觉良好，只是若太低估自己的贡献，长期下来，就会觉得自己微不足道，让自己陷入悲观循环之中。

悲观的解释形态，比较容易提供忧郁症酝酿的养分，特别是当环境不友善时，更容易滋长。好消息是，**可以通过练习让自己变得比较乐观**，也能学习跟挫折与沮丧共存。

假如你自己或身边有比较容易沮丧的人，可以试着从这三个维度，通过几个简单的问题来帮助他转念。

针对**时间的“永久性”**，当你听到类似：**我“总”是做不好、很糟糕、运气很差**。可以很温柔地反问他，**一直都是这样吗？有没有例外的时候？总有做得好的时候吧？我记得你那次做得不错**！这部分是提醒他看到，其实**事情并不“总”是他看的样子**，也有好的时候。同时，把**时间切割成“过去”“现在”“未来”**。比如：

**A：我运气不好。（并没有说是什么时候运气不好，等于是说以前、现在和以后都不好）**

**B：你只是之前运气不好，现在会越来越好，以后（未来）一定会更好。**

**A：我很笨，什么都不会。**

**B：你只是以前没用对方法（或以前不认真读……），只要现在用功点，以后就会越来越懂了。**

**→这样就能化解对方在永久性上的错误想法。**

针对**"广泛性"**，当你听到类似"完蛋了""我没希望了"，或"你没救了"这样的句子或对话时，可提醒对方或自己："**只是这件事**完蛋了""**只是**现在**这部分**可能没希望""没那么严重，只是现在事情不顺利"。这是提醒我们，要让不好的事情只局限在一小块范围内，不要把糟糕的事情扩大到自己生活或工作的其他范围中，这样会好一点。

针对**"个人化"**，若自己或身边的朋友，一直觉得所有事情都是自己的错，或自己能力不佳，可试着去想**"有没有什么外在原因会造成影响？""如果有其他原因会造成这个结果，可能会是什么？"**这部分是练习看到事情的更多可能性，而不是只怪罪单一的原因。

## 善用观念转变的 ABC 模式，跳出悲观的框框

我们**有时会习惯反复咀嚼过去发生的事情，分析为什么会这样、怎么样会比较好，这样的行为称作"反刍"**。反刍可以是乐观的，好处是能学习如何避免类似的事再度发生；但也可以是悲观的，就是一直陷在情境记忆中，持续被糟糕的情绪影响、自怨自艾。持续而悲观的反刍，容易让自己陷入忧郁之中，所以这时候就要想办法让自己转变观念了。有一个很有效的方法是心理学家艾利斯（Ellis）提出的认知疗法中的 **ABC 模式。A（Adversity）是指让你不愉快的事件；B（Belief）指我们第一时间（也许只有几秒钟）对事件的一个解释、看法、信念；C（Consequence）指我们对 A 事件形成 B 解释后，会产生相对应的行为，所引起的后果。**

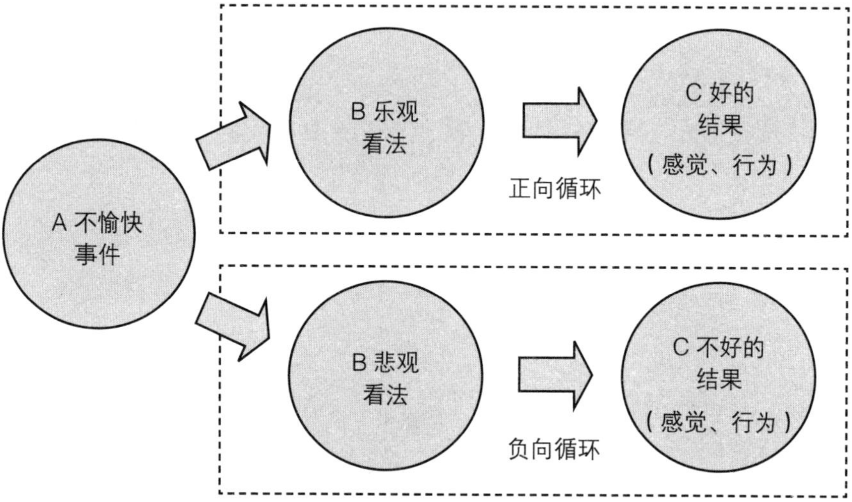


## 步骤一：记录自己的 ABC 模式

先盘点记录我们生活中常见的可能念头有哪些，是乐观的还是悲观的（参考前面那三个维度来判断）。盘点时，需要注意：

**1. 在记录每天让你产生不愉快感觉的事件 A 时，要以客观的角度来描述事情发生的经过，而不是加入自己的判断，这样就变成是 B（可能念头）了。**

**2. 记录 B（可能念头）时要注意，同一件事可能会产生好几种念头或看法，都要记下来。但要把看法和感觉区分出来，感觉和行为已经属于 C（造成结果）了。**

**3. 记录自己的感觉和行为 C（造成结果）时，可参考下面两个情境的例子。**

**情境 1：职场应对**

**A（不愉快事件）：**老板把你叫到办公室，对案子的细节很严苛，几乎快要破口大骂。

**B（可能念头）：**①老板又来了，每次事情不顺就找我们出气。

②他今天不知道怎么了，算了，专心把自己的事情做好就好，不理他。

③嗯，这几个地方没做好，好在老板提醒，下次要细心点，多注意细节。

**C（造成结果）：**①心情很糟（感觉），大吐苦水（行为）。

②虽然有点委屈（感觉），但不受太大影响，继续做事（行为）。

③感谢老板严厉的要求，让我学到东西，且把事情办好（行为）。

## 情境2：夫妻相处

**A（不愉快事件）：**和另一半吵架。

**B（可能念头）：**①他今天怎么了，脾气这么差，先别惹他好了。

②他实在很难伺候，不管我怎么做他都不高兴，动不动就乱发脾气。

③每次都怪我，都不检讨自己，我很难让他满意。

**C（造成结果）：**①觉得有点莫名其妙（感觉），但先小心回避，不继续刺激对方（行为）。

②生气（感觉），想反击、据理力争（行为）。

③委屈、难过，觉得辛苦不被认同（感觉），流眼泪（行为）。

## 步骤二：反驳（disputation）与转念

针对自己的B（念头），提出反驳的提问。如同前面“脚本”中提到的，我们对自己的很多想法和解释，其实不一定是正确的，而是受到过往经验的影响。**所以对于自己很自然产生的解释，都可以通过“反驳”来检验是不是真的如此。**

反驳的第一个方式是问自己**“证据在哪呢？”“怎么证明这个想法是对的？”“真的是这样吗？”让证据说话**，而不是被自己的主观判断或被过往负面脚本污染的解释左右。

第二个方式则是**“看见可能性”**。同一件事情背后，可以有很多可能的原因，悲观的人容易找到对自己最具破坏性的解释（永久的、广泛的、内在的因素），这时就需要问自己：**“还有什么可能呢？”“应该还有很多可能性吧？”**列出各种可能性（在心中默想也可以），同时记得，在过程中不断问自己是否还有哪些遗漏掉的可能性？把重点放在可以改变的原因上。列出来后，问自己三个问题：

**1. 最糟的情形是什么样子？**

**2. 最好的情形是什么样子？**

**3. 最可能的情形是什么样子？**

因为同时呈现出很多选择，也看到最好和最糟的情形，我们就能比较客观地挑出比较接近的选项。重要的是，在这个过程中大脑已进行理性分析，就不那么容易陷在情绪中了。这就是很好的转念过程。

## 步骤三：肯定体悟

对于自己在前两个步骤所做的事情，用肯定、认同与感谢来做结尾。

既然要创造正向的循环与对话，当完成前面两个步骤后，可以**把手轻放在胸口，闭上眼睛，在心里为整个过程下一个肯定、认同的结论**，并跟自己说些鼓励的话。这是让我们从理性层面进入感性层面的方法，更能贴近自己内在的心情。

**自我成长练习**

### 写下自己的 ABC 记录

A（不愉快事件）：

B（念头）：

C（结果）：

反驳：

①

②

③

肯定：

# 第二节
# 从积极心理学谈快乐人生

在第一节已经提到，怎么样培养自己从乐观角度看待事情，现在我们要来谈的是关于“快乐”这件事。经过近二十年来世界各国或地区对积极心理学有共鸣的专业人士的努力研究与推动，“如何让人更快乐、更幸福”这件事，已经不再只是理论上的研究，而是逐步出现了更具体的练习方法。这是相当美好的事情，**当所有人都能专注在如何让生活更开心、更幸福，这样的蝴蝶效应和吸引力法则，相信能让你我身边的每个人，都有更好的身心发展**。

我想每个人都多少知道或听朋友分享过，如何让自己开心的一些方法，只是有些方法有效、有些不一定有效，有些有时灵有时不灵。心理学希望通过系统地研究，能更具体且有证据地（而不是空口说白话）告诉我们哪些是有用的方法。首先，先看看一些关于“快乐”的研究，对我们的生活能带来什么启发。以下是一些研究的结果：

1. **正向情绪能帮助健康和长寿，快乐的人比较注意健康安全，可以活得比较久。**
2. **能真正开心微笑的人（发自内心、嘴角上扬、眼角有鱼尾纹的杜乡式微笑）相对于常常露出勉强笑容的人，比较容易拥有幸福的婚姻。**
3. **快乐的人比较能忍受痛苦，坚持度和忍受度较高。**
4. **快乐的人比不快乐的人工作满意度高，生产力和收入也较高。**
5. **快乐的人往往独处时间较短，花较多时间在人际互动上，较常参加团**

**体活动，有很多好友。**

**6. 快乐的人比较慷慨、愿意分享，会有“利他行为”，比较愿意捐钱给需要的人、多做好事，会把注意力放在需要帮助的人身上。**

从上面的例子中我们可以知道，快乐对我们的生活满意度是有很大“贡献”的。从积极心理学来看，快乐可分为两种，**短暂的快乐——愉悦感**（pleasure）和**长期的快乐——满足感**（gratification）。

## 创造快乐片刻的“小确幸愉悦”

**愉悦感**有比较强的感官和情绪体验，是感官上（视、听、触、味、嗅觉）的刺激所引起的“原始感觉”，不需要思考的诠释，是很直接的反应，同时也是短暂的。比如，看到美好的风景、吃到冰凉的奶昔、在放松的氛围下享受按摩（触觉）等，都是很愉悦的感受，可以带给我们短暂的快乐时光。这些是属于**身体感官的愉悦**。

除身体感官的愉悦外，另外还有“高层次愉悦”，包含了身体的愉悦，然后再加上一些认知的过程。高层次愉悦可以依强度分成**高度愉悦**（狂喜、兴奋、亢奋、销魂）、**中度愉悦**（活泼、开心、高兴、好玩）、**低度愉悦**（舒适、放松、有趣）。

不管是身体的愉悦，或是高中低强度的高层次愉悦，都是**短暂**快乐的来源，与之前因为村上春树而开始很流行的“小确幸”（生活中微小但确切的幸福）很像。像品尝到好吃的美食、久别重逢的好友聚会、美好午后的悠闲下午茶、假日睡到自然醒的满足、与伴侣亲热的亢奋销魂、夜深人静的音乐与阅读、怀中幼儿可爱的动作，这些都能给人带来不同强度的愉悦，也是属于每个人短暂快乐的小确幸。

这些短暂的愉悦，因为属于感官基础，所以有个缺点是，在短时间内刺激多了，感觉就会变弱。就像再好吃的美食，连续每天三餐吃，就变成折磨一样。

所以，对于这些可以让自己有“小确幸愉悦”的事物，要找到最适当的时间间隔，而且不要一次体验太多，**不要变成一种固定的习惯，而是有变化的交错安排**，甚至可以为好友或家人制造意外的小确幸惊喜。比如，知道另一半喜欢吃焦糖布丁，突然出乎意外地准备给他，或邀约好友一起去观赏他爱看的舞台剧。这些都可以创造自己或彼此的“小确幸愉悦”。

我通常会建议大家，列出自己专属的小确幸清单（约 5~20 项），从能带来较大开心程度的项目开始排列。当情绪低落想要转换心情时，就可以拿出清单来挑一件事去做。在挑选的过程中，因为看到的都是自己喜欢的事情，你的心情就会慢慢转变。每当我在课程中让学员列出小确幸清单，并与小组同学讨论时，都会听到此起彼伏的笑声，可见光是讨论这些就已经是很开心的事情了。甚至可以汇总部门内每个人共同有交集的几项小确幸项目办活动，让大家共同成为彼此欢乐的回忆。

那么该如何加强并放大我们生活中的“小确幸愉悦”呢？有以下几个诀窍：

**1. 专心感受：**

既然这些愉悦的感觉都是来自感官的基础，我们是否能有足够敏锐的五感去“品味”呢？专注在当下这一刻，去体会这些感觉，能让我们更纯粹地享受这一刻带给我们的快乐。

**2. 启动记忆联结（心锚）：**

将这些美好的体验，通过五感的“次感元强化”，让我们能在需要时，仿佛身临其境般再度经历（详细方法请参阅第三章第二节关于心锚的建立）。

**3. 彼此分享：**

心理学研究证实，拥有良好的人际互动能够带来快乐。有人分享的快乐是加倍的快乐。我们可以将愉悦的感受分享给身边的家人或朋友，甚至与好友相约共享某些“小确幸愉悦”，肯定能增加生活中的快乐指数。

## 长期锻炼，发挥长处的“满足式快乐”

接下来，要看看**“长期满足”带来的深层快乐**。满足感通常来自**全心全意投入于一件事的感觉**或**最后得到努力成果时的感觉**。当我们全身心沉浸在其中时，因为相当专注，所以会没有时间和意识感，也没有情绪，而是处在一种“流动”的状态。“满足”**需要技能**和**努力**，还要**面对挑战**，所以也需要**运用**自己的**强项与长处**。比如，很用心准备一周的资料，完成重要的客户简报；花了很多精力研究怎么把孩子教育好；前期准备了三个月到半年才动身完成的自助旅行。这些不是感官的愉悦，却会带来满足的快乐。**感官的愉悦能带来短暂的小确幸快乐，而长期的努力会带来更深层的满足式快乐**。

该如何获得长久的满足式快乐呢？积极心理学家马丁·塞利格曼博士提供了一个参考架构，就是通过持续努力的锻炼，将自己的**长处与强项（优势特质）**发挥到最好，让工作和生活表现得更好，我们就会得到满足。也就是说，**人生的满足，来自充分发挥自己的强项**。

不同的理论会提到不同的特质点，大家可以参考自己曾经接触过的相关资料来练习。比如，《发现我的天才》中提到 34 种主导特质，而在塞利格曼博士的研究中，总共筛选出西方文化普遍适用的 24 个人格特质，这些长处特质与天赋才华（talent）不同，天赋是天生的，而**长处可以通过持之以恒的锻炼来加强**，当我们将自己的长处发挥出来时，往往能得到不错的成就。

这 24 项长处，可以整体归类为**六类美德**（古今中外都推崇的品性与行为特质），这些美德与优势特质，都是当我们锻炼并拥有后，能让生活更美好的元素，分别是：

| **第一大类：智慧与知识**（对世界的理解与应对，有丰富而独特的见解与积累） | |
|---|---|
| **特质 1. 好奇心 / 对世界感兴趣** | 主动想了解更多新鲜事、追求真相、对广泛或特定事物都感兴趣。 |
| **特质 2. 喜好学习** | 在缺乏外在诱因的情况下，还对很多领域感到有兴趣、愿意学习，喜欢阅读、参观博物馆、上课等。 |
| **特质 3. 客观思考 / 包容多元意见** | 能全面接受各种资讯，筛选出利己也利人的决定。 |
| **特质 4. 原创力 / 实作力 / 街头智慧** | 对于想要的东西，能找到新方法和创意来完成，不满足于大家都会的方法。 |
| **特质 5. 情绪智慧 / 社会智慧** | 能有效了解他人背后动机、情绪与意图之间的差异，采取不同行动，因而有很好的社交技能，也能很细腻地觉察自己的感觉，并因此调整自己的行为。 |
| **特质 6. 观点见解** | 常常会有人来寻求你的经验和建议，希望得到解答。这些你独特的想法、观点，对身边的人都是很有价值的。 |
| **第二大类：勇气**（在不利的情况下，还能为了达到理想目标而勇往直前） | |
| **特质 7. 勇敢** | 将恐惧的情绪和自己会采取的行为分开，即使面对逆境、灾难、严峻挑战、危险，都能泰然挺身而出，做自己想做且该做的事情。 |
| **特质 8. 毅力 / 勤勉** | 有始有终，做到自己承诺的事情，只会更多，不会更少。欣然完成自己所承担的责任，但还是保持弹性和务实。 |
| **特质 9. 真诚 / 诚实** | 真诚对待自己和他人，实在做事，脚踏实地。 |
| **第三大类：人道关怀与爱**（在人际互动中的正向展现、关心的联结） | |
| **特质 10. 仁慈慷慨** | 热心助人、替别人着想，把别人的事情当成自己的事情，甚至有时会忽略自己。 |
| **特质 11. 爱与被爱** | 能付出关爱，也能接受别人的关爱。 |
| **第四大类：正义**（对自己所属的团队中，自己扮演的角色与对团队规则的期待） | |
| **特质 12. 公民责任 / 团队精神** | 在团队中会把自己的本分做好，努力使团队成功，尊重团队与团队中的规则与权威。 |

续表

| | |
|---|---|
| **特质 13. 公平和公正** | 不让私人情感影响自己的决定，给每个人同等机会，认为同样情况要有同等待遇。 |
| **特质 14. 领导能力** | 有效率，与团队成员关系良好，能如期完成目标。知道如何带领团队发挥最高效益与成功。 |
| **第五大类：个人修养**（恰当且适度地表现自己的想法、需求，避免对他人造成伤害） | |
| **特质 15. 自我控制** | 对自己的情绪、需求、想法和冲动的克制力，不论什么情况都能控制。 |
| **特质 16. 谨慎小心** | 三思而后行、不做日后会后悔的事、细心。 |
| **特质 17. 谦虚** | 不爱出风头，不看重自己的成败，宁愿让成绩说话。 |
| **第六大类：超越的心灵**（超越自己，将自己与更大、更永久的整体联结） | |
| **特质 18. 欣赏美和卓越** | 欣赏所有美好、杰出卓越的事物与成果，不论是自然的还是人为的。 |
| **特质 19. 感恩** | 对身边任何好的人、好的行为与事物、好运、美好的存在而心怀感激。 |
| **特质 20. 希望 / 乐观 / 憧憬未来** | 展望未来，相信好的事情会发生、对未来抱持乐观期望。 |
| **特质 21. 信仰 / 使命** | 对宇宙和人生的存在，是有信仰的，知道自己的生命价值与意义。 |
| **特质 22. 宽恕和慈悲** | 愿意原谅曾经对不起自己的人、包容而悲天悯人。 |
| **特质 23. 活泼和幽默** | 快乐、有趣，让自己笑也带给别人笑容，看到事情的光明面。 |
| **特质 24. 热忱和热情** | 全心投入工作、容易被激励，也能带动他人的热情。 |

上述这些特质，读者们可以从美国宾夕法尼亚大学积极心理学中心的网站上进行免费的心理测验作答，http://www.authentichappiness.sas.upenn.edu/default.aspx，语言可选中文。因为要测的特质较多，共有 240 道题。题目虽多，却是很专业的心理测验，可以从中了解自己的优势特质。当你做完之后，系统会列出这些特质的排序，有些是动态的，有些是较静态的，重点

在于找到与发挥自己的长处。

## 自我成长练习

### 锻炼你的优势长处特质

做完测验后，看看你的**前五项特质**是哪些。问一问自己，这是不是最符合你现况的强项特质（一次一个）？针对每一项特质，制订一个可以衡量，也可以执行的锻炼计划（要符合 SMART 原则）。

然后，在自己每天和每周的行程中，排出时间来练习这些强项，不管是在公司、学校、家里，或任何地方，让自己常常有机会去练习发挥这几项特质，甚至创造出以前没用过的方式来锻炼。

比如，如果你的强项是对美的欣赏，你可以让自己多去欣赏艺术作品、去购买有设计感的家具、换一条风景更美的上班路线、增加一些摆设等；如果你的强项是感恩，你也许可以找出更多表达感激的方法，以及表达感激的对象。

总之，找出更多在生活和工作上发挥自己强项的方法，常常去使用，你会发现自己越来越乐在其中，自己的长处也将日益发光！

写下你的前五项优势特质及锻炼计划：

范例：

特质 1：对美的欣赏 /【锻炼计划】每个月去一趟美术馆、看一场舞台剧

特质 2：信仰使命 /【锻炼计划】每天静坐 30 分钟、每月做义工

特质 1：

【锻炼计划】

特质 2：

【锻炼计划】

特质 3：

【锻炼计划】

特质 4：

【锻炼计划】

特质 5：

【锻炼计划】

# 第三节

# 打造幸福力的时间线

## 打造幸福人生的五根支柱

说完了“快乐”，那幸福又是什么呢？幸福是很抽象的概念和感觉，最近这段时间，各种媒体、广告、网络、杂志等，都不约而同在传递“幸福”这件事情。每个人对自己幸福的感受，肯定都有不同的来源。

积极心理学分别从五个影响向度来探讨幸福。下图是**幸福五支柱（PERMA）的雷达图**。

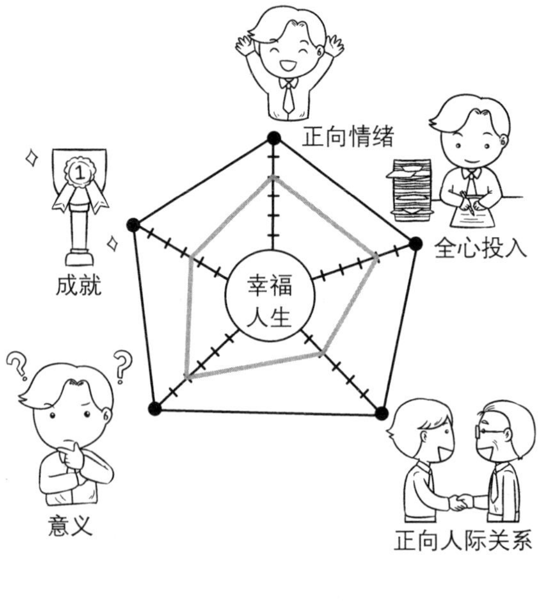

我们可从**“正向情绪”“全心投入”“意义”“正向人际关系”**和**“成就”**这五根支柱来诠释幸福。其中**“正向情绪”**跟前面提到的快乐，是同一件事，就是第二节提到的短暂快乐的小确幸愉悦；**“全心投入”**则是专注忘我的一种融入境界，需要运用我们的强项和天赋（如同前面的 24 个优势特质）。若我们能找到自己最擅长的特质，并运用在每天的工作和生活中，我们就能轻易地处在这种全神贯注的状态中，体验到较长时间的满足式快乐。

关于正向情绪和我们长期快乐的程度高低，受到三种影响，一个是**遗传（约占 50%）**，一个是**外在环境（10%）**，一个是**个人有计划地安排活动（40%）**。也就是说，我们的遗传基因，会决定一个快乐的范围广度，有的人天生热情活泼、情感丰富；有些人天生比较冷静、理性内敛。

当然，快乐不是万灵丹，有时会让我们过于乐观，忽略潜在的风险而造成损失。忧愁的人虽然比较容易感伤，但比较实际、谨慎，常处于备战状态。不论快乐程度高或低，**只要找到适合自己的生活与工作方式，就可以过得很好**。

好消息是，除了基因的另外 50% 的影响之外，剩下就是我们可以去改变的。这也是为什么积极心理学会致力于心理卫生推广与预防，**着重帮助人们拥有快活人生（pleasant life）、美好人生（good life）和有意义的人生（meaningful life）**。

当我们认真思考“意义”这件事时，就会开始思考“这辈子活在这世上，究竟是为了什么？”这个大问题。每个哲学家和心理学家都会花很多心思来探讨这个问题。而我们每个人从小到大，也总会有某个时期、某个片刻，会这样问自己。也许会有个暂时的答案，也许一直没有固定答案。有趣的是，当你很忙碌于求生存、求发展时，大概都不会想到要去找寻“意义”。可是当我们一旦事业有成了，有了闲暇，或是遇到挫折，开始彷徨，又或是面对生命中重大的变化，甚或身边重要的亲人离开人世时很容易就会开始思考，究竟自己为什么会存在这世上，以及到底要留下些什么。

“意义”相对来说是比较主观的，同一件事对每个人都可以有不同的意义。对于遇见“幸福”这件事，**“意义”可以代表的是一种我们对自己的归属感与存在的价值**，可以小到为了让家人开心生活而努力，可以是为了自己的梦想而追寻，也可以是超越个人到对更大的群族认同乃至天地宇宙间的追求。不论是哪一个层面的意义，重要的是我们在人生旅途中，曾经花时间来确认过它。

**你是否想过什么对你是重要的？**工作、家人、休闲、健康、亲密关系、梦想、稳定……哪些是你最在意的？**这些重要的项目，目前在你生活中的比例又是如何呢？**

我从自己和很多人身上的经验中看到，**“意义”像是影响我们生命定位的终极目标，会带我们到不同的终点。你在意的，就会影响你**。弄清楚自己这辈子在意的是什么，可以让我们在人生的航程中，不至于迷航。而幸福，就是在我们努力航行的过程中，知道自己还在轨道上的满足与安全感。

“正向人际关系”是拥有幸福的重要基础。就像前面提到的，**快乐的人往往会花较多时间在人际互动上，也比较慷慨、愿意分享和利他**。他人是我们生命低潮时最好的解药。他人的陪伴，能让我们不孤单。通过行善帮助他人，更是在经过测试的方法中，最能暂时增加幸福感的有效方法。在先前的章节中，我提过很多建立良好人际关系的方法，都可以在生活中多找时间练习，相信对于建立正向人际关系大有帮助。

“成就”这个因素，代表的是**有成就的生活**。无可避免地，人们多少还是会期待自己有基本的成就，甚至有许多人是积极地朝着有所成就而努力。对他们来说，在生命中的许多时刻，幸福就是不断追求成就。不论如何，只是为了"赢"。**通常在追求成就的过程中，也会伴随着"全心投入"的忘我、获得成功的"正向情绪"等**。这里要注意的就是**平衡**。因为成就毕竟只是五个影响幸福的要件之一，所以在追求成就之余，还是要时时提醒自己，还有另外四个很重要的因素也要照顾到。

当然，每个人都有自己的偏好，所以你可以在前面的幸福五支柱雷达图中，画出自己现在大致的指数作为检验依据，没有标准答案。就像之前提到的，**"觉察"自己的现况，是最重要的一件事**，这样才能不断进步与改善。

## 建构自己的"幸福和快乐时间线"

当我们知道幸福的五根支柱后，可以如何运用在生活中呢？在 NLP（神经语言学）中，有一个我很喜欢的"时间线"概念（过去、现在、未来三种时态），可以与幸福五支柱结合，以检视自己的状态。**你可以想象，在你眼中有一条线，线上有三个点，分别代表过去、现在和未来**。

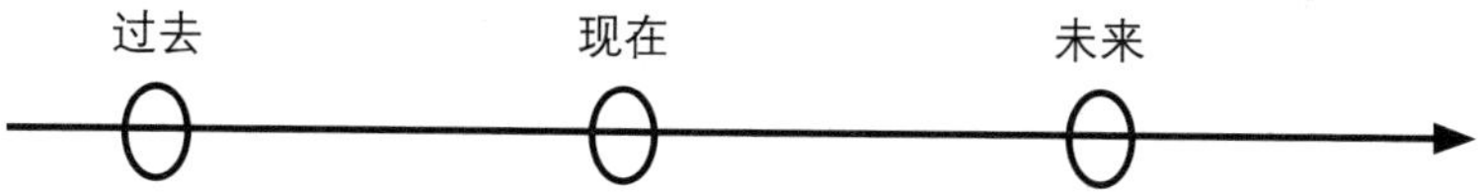


▲ 过去的种种经历累积成现在的我们；现在所做、所选择的，会创造出我们的未来。

请想象**自己站在过去、现在、未来这三个位子上**，每个位子都可以用幸福五支柱图来检视，看看自己处在什么状况。对过去、现在、未来的检视可以让我们内心产生一个时间上的流动感，知道自己现在处于什么状态，也能知道下一步该怎么走。

比如，从"正向情绪"的角度来看，过去的正向情绪可以是满足、感激、感恩、自豪、平静；现在的正向情绪包含欢乐、狂欢、喜悦、愉快；未来的正向情绪包含信心、希望、信任、乐观。前面我们提到的包含如何用乐观的解释心态看待事情等，都是可以在**“现在”**这个点做的努力。

那对于过去呢？我们**如何看待“过去”，会影响自己的心情**，也会影响我们的快乐与幸福。当我们回顾过去时，你会浮现哪些情绪（心情）呢？也许是五味杂陈的，有开心、悔恨、心满意足、自傲等，也可能有怨恨、愤怒、哀伤等。这些情绪都是源自我们的过往经历，以及我们如何看待这些经历（认知的 ABC 模式）。

首先，**我们先从过去的正向经验找力量**。把眼睛轻轻闭上，回想过去的生命历程，找到**过去的成功**、**开心**、**愉快**的经验，让自己仿佛身临其境地重新经历这些过程，看到身边有哪些人、说了哪些话、做了哪些动作，很精细地感觉自己的身体出现了哪些反应。让这些事情轮流在心中浮现，当这些很有力量的感觉已经达到饱满状态时，将手掌轻放在自己的胸口，把这些感觉记住。

其次，问自己，在过去这些历程中，发生在我们身边的“好的事情”中，**有没有哪些人或事是我们想感谢的？**你想感谢的这些人，也许有的还有联络，也许有的已经不在你的生活中了，都没有关系。当这些人都浮现出来之后，一次一位，**将你的感谢告诉他们**。慢慢来，给自己足够多的时间。

等到对每个人说完话时，在心中轻轻地向他们**道谢与道别**，谢谢他们陪伴我们一程，并且让他们知道，在接下来的路上，你会带着这些祝福继续往前走。

最后，你再**默想自己走到未来的那个时间点**（也可以真的走），眼睛还是闭着，想着自己未来要进行的事情（也许是三个月之后的目标），带着刚刚的祝福，**感觉这些祝福带给你支持的力量**，让你可以完成目标。

当这一切都完成了，可以轻轻睁开眼睛，感受一下刚刚的过程，然后把体会写下来。这是我们从过去找力量的方法，是专属于我们的**“幸福和快乐时间线”**，其中充满过去正向、感激与支持的能量。

▶ 回顾过去成功、开心、愉快的经验，从中获得力量。

▶ 感谢那些曾经帮助过我们的人，带着祝福与力量，走向未来。

练习之后，我们可以在**每天三个时段（中午、傍晚、睡前）问自己，今**

**天有哪三件让我感激（感恩）的好事情，把这些事情写下来。然后闭上眼睛，在心底默默感谢**。同样将手掌轻放胸口，把现在的正向、感激、支持的能量加进来，久而久之，我们就不断地在锻炼与累积这条“幸福和快乐时间线”，让自己习惯看到好的事情、善用感激的力量，如此将有更多力气与勇气，面对生命中的挑战。

**若是过去有不愉快的经验呢？**当一个人在沮丧与忧愁之中，很容易陷入过去不愉快的回忆里，对未来感到悲观，对现在的自己感到怀疑。童年的事情虽然有可能会影响现在，但我们可以在人生的过程中加以改变，**通过现在比较成熟、自信，也较有资源的自己，用全新的角度重新解读、重新述说，重写自己的生命剧本**。这些方式会在接下来的第四节中与大家分享。

# 第四节

# 从故事中得到疗愈：叙事、隐喻与自由书写

## 我们都生活在故事里，故事组成我们的世界

如果有人问你："你有多了解身边的人？有多了解你的同事？你的上司？你的下属？你的家人？你的父母？你的兄弟姐妹？你的亲密伴侣？你的小孩？你的好友？你的邻居？"你的回答会是什么呢？

"嗯，应该还可以啦，有的人我很了解，有的人我不太熟，有的人我以为了解，可其实又觉得不了解。"

如果再问："那你有多了解自己呢？"你又会怎么回答？

"嗯，应该还算了解""我很清楚自己""嗯，有时候了解，有时候不了解"……我想，这两个问题的答案没有统一的标准，取决于我们要了解自己和他人到什么程度，多深才算有了解。了解自己和他人有很多方式，其中一种是从**说故事、听故事、写故事**开始的。

**在职场上，我们会听到不同的故事。**总有人喜欢聊"最近去哪里又买到了什么"的故事、好朋友喜欢说"公司里又发生了什么不合理事情"的故事、自己"有哪些丰功伟业"的故事，有各种小道消息乱传的八卦故事，有主管要害我的"阴谋论故事"，有老板的"创业故事"、有公司的"品牌故事"。

在生活中，每天在我们身边都会听到很多人口中说的故事。小孩放学回来，很喜欢找妈妈或爸爸说“今天发生了什么事”的故事；阿公阿婆常常会说他们以前“家里”的故事；好朋友会说谈恋爱、结婚生小孩的故事；闺中密友喜欢说在感情上疑难杂症的故事；新闻里经常播“社会故事”（各种社会事件），也有“做人道理的故事”“政治文化的故事”、信仰的故事、热心公益的故事、你生命意义的故事。

叙事治疗谈的，就是“故事”。**我们一出生就活在一个由“故事”组成的世界**。有生活上的、工作上的故事；有好的、不好的故事；有别人的，也有自己的故事。每个留在我们记忆中的事件，都会组成一个故事，故事经过语言或文字传递，就会组成我们现在生活的世界。对每个正在说这些故事的人来说，故事都真实地存在着。但是关键在于，即使是最复杂的“自传”描述，没有被纳进来的故事一定都比被纳进来的多很多。所以，**真实的世界一定比我们的故事还大**，可是对于我们来说，故事就是我们的全部。比如，有个成功的创业家，分享他如何达到成功，不管他的故事说得多详细，那就是他认为的成功过程，可是实际上，一定还有不少细节是他没注意到，却也是很关键的。

又或者发生“不小心摔倒，脚骨折；没过多久，又摔倒”这件事，你会怎么解释、怎么为故事命名，就变成你的故事主题。比如，你觉得“我很粗心”，或“我很倒霉”，或“我虽然遇到麻烦，但还好不严重”，不同的解释，会为你的故事创造出不同的剧本。

其实**我们的世界是由各种故事组成的**，而且我们就是这些故事的编剧，可以在发生故事的当下，决定哪些会被记住，成为故事里的内容，哪些又会被遗忘，消失在故事之外。只要了解这一点，我们就能检视这些故事，通过身边发生的故事，来更深入地了解自己以及周围的人。

如果遇到别人或自己的故事本身是有害的或不快乐的，或者会干扰生活与工作的，我们就可以练习从没有被故事纳进来的事件中，找到不同的事件和故事，再改写成新的故事。这样就能帮助自己在生活和工作上有更好的发展和效率，也能创造好的“故事结局”。**叙事治疗就是关于帮助我们自己和身边的人，重新说故事，然后重新生活的一种哲学观和心理治疗学派。**

知道这些之后，我们该怎么做呢？首先，就是来看看自己的故事。很多时候，我们是活在别人的故事中，如社会期待和父母期待。相信很多人的父母都会鼓励他们去当公务员、去当安稳的上班族，或者以前有些父母会鼓励孩子去当医生、当律师、读电机系、去银行捧金饭碗。这些都没有错，因为这就是我们这个时代的父母们公认的“稳定”或“功成名就”的样貌。

## 自由书写，写出你的生命故事

**你会怎么说你的故事呢？**小时候的故事？读书时候的故事？谈恋爱的故事？第一份工作的故事？**有关你自己最重要的故事，就是你对自己说的故事。**

很多时候，我们会被脑中太多的思绪搅乱，无法静下心来，在这样的情况下，让自己练习自由书写是很不错的方式。不要用思考和理性来过滤文字，自然地写下心中想到的一切，往往就会接触到最真实的自己，听见自己内心的声音。

首先找一个不被干扰的时间和空间，让自己很轻松、自在、舒服。然后开始自由书写，就是很直接地不停笔地写（电脑打字也可以）。不管想到什么，都先写下来。不批判、不过滤分析，只要不停地写。

刚开始第一轮，每个主题可以设定至少先写三分钟或五分钟时间。时间不到不能停。若某个主题写得很顺，可以顺着那个感觉继续写，停下来后再换另一个主题。

## 书写的方式

◎ 开头式写法

从一句开头的引子开始，当作切入点，再往下发展。可参考下列范例。

**1. 我小时候……**

**2. 我读书的时候……**

**3. 我曾经有的梦想（渴望）是……**

**4. 我的家庭……**

**5. 我现在的工作……**

**6. 我想要……**

**7. 我感觉……**

**8. 如果可以，我希望……**

**9. 我很开心，因为……**

**10. 我很累，因为……**

**11. 我想放弃，因为……**

**12. 我想坚持，因为……**

“如果是我要写，我想用什么句子开头？”你也可以这样问自己，把答案写下来，再用你写的开头来往下发展。

◎ 主题式写法

从不同的主题来看自己的生命故事：工作、家庭、快乐、人际关系、健康、梦想、生命意义等，也是通过自由书写的方式，来帮助我们厘清自己的故事。同时，你也可以设定自己想要发展的主题。

**1. 关于工作**

让我有成就感的是什么；让我疲惫的是什么；让我想改变的是什么；工作对我的意义是什么；除了薪水之外，我还会待在这里的原因是什么。

**2. 关于家庭**

我的家庭故事是什么；家庭对我的意义是什么；我每天或每个月陪家人多少天；我和父母相处得怎么样；我和兄弟姐妹关系如何；我喜欢与配偶的关系是怎样的；我和儿女相处的故事是什么。

**3. 关于快乐**

过去这个月，我开心的事是什么；最近我的感觉怎么样；我的快乐故事有哪些；因为我的哪些行为让身边的人很开心、未来我会开心。

**4. 关于人际**

我和朋友经常去哪里；我的朋友常说我什么；对于朋友，我总是怎样想；提到友谊，我会想到什么；小时候，我和朋友有什么故事。

**5. 关于健康**

健康对我来说是什么；我的健康情况怎样；我善待自己身体的方式是什么；如果有一天我的健康亮起红灯，可能会是什么原因；如果有一天我离开了，我的家人会怎样；如果我可以多照顾自己的身体，会是什么结果。

**6. 关于梦想**

我曾经有的渴望是什么；小时候我梦想要做什么；如果这辈子我可以有魔法，我希望能做什么；当我做什么事情时，我的眼睛是发光发亮的。

**7. 关于生命意义**

我这一生，最重要的是什么；如果我离开了，我希望别人对我的评价是什么；我人生的终极目标是什么。

◎ 自由式写法

就是完全不设限，针对自己的故事，想到什么就写什么。这是比较进阶的练习，当前两种都练习过了，对于自由书写比较上手时，就可以即兴发挥了。享受真正畅所欲言的快感。

通过自由书写，我们能更贴近自己的内心，当我们能听到自己内在的声音时，心中往往会有一些回响触动，能勾起让自己热泪盈眶的感动。只要遇到了，我们就会知道。这时候要好好去咀嚼，找出那些触发我们的到底是什么。

## 觉察盘点与改写生命故事剧本

当我们通过自由书写，收集了很多自己的生命故事之后，可以试着**给自己的故事命名**。你会怎么描述自己的故事呢？就好像编剧或导演一样，你会怎么命名？

然后，一边看着这些故事，眼睛微闭，一边感觉一下，在这些故事当中，有哪些是自己很喜欢的？有哪些是自己希望能继续的？又有哪些地方好像卡住了？我们期望的生活，和真正实践出来的生活是否一致？有没有什么地方可以改写，让故事更符合自己的期待？以下两个方法，有助于发展与改写我们的故事。

### 1. 找出让自己卡住的错误假设

我们对自己的生活，很容易做出一些错误的假设，这是需要更正的。**这些假设**或想法没有对错，但需要衡量的是**对我们的工作和生活满意度是否会造成影响**，以及就长期来说，什么样的生活是比较均衡的。以下是对于错误假设的改写范例。

| 范围 | 错误假设 | 实际情况 | 改写对话<br>（扩展可能性） |
|---|---|---|---|
| **工作** | 如果我准时下班，工作就做不完，表现就不好，绩效也会不好。 | 如果自己不争取，很难有人会替你想那么多。 | 只要我表现得好，我可以争取自己想要的下班时间。 |
| **家庭** | 我每天努力赚钱是为了让家人过幸福的生活，他们应该会体谅我。 | 在我的成长过程中，爸妈没有陪伴我，我自然跟他们不亲近，叛逆也是正常的。 | 我是有能力兼顾好工作和家庭的，我可以为此努力。 |
| **快乐** | 1. 当我赚到足够的钱，我就会快乐了。<br>2. 等我……我就会快乐了。 | 即使有再多的钱，对于我们的沟通或生活的平衡，都是两回事。 | 我可以在还没有很多钱的时候，就让自己很快乐。快乐和财富之间不是等号。重要的是我怎么看待钱。 |
| **人际关系** | 即使我不说明白，他也应该会懂的。 | 你如果不说出来，没有人知道你真正的想法。 | 我可以大方诚恳地说出自己的想法，让别人听到我的声音。 |
| **健康** | 1. 我没有时间照顾自己的健康。<br>2. 我的身体应该还可以，没那么糟。 | 1. 如果不看重健康，当然不会排出时间。<br>2. 要等到什么时候才叫糟呢？ | 1. 我可以在一周内排出运动时间，而且真的去做。<br>2. 我会正视“体重过重”这件事。 |

我们可以从各种层面来看自己写出来的故事，然后再检视其中有没有一些错误的假设，或是非理性的信念。

### 2. 将卡住的问题外化

**困扰我们的是问题本身，而不是我们自己。**比如，有人说："我的压力好大，好烦！好多事情压得我喘不过气！"可以问他（或问自己），这样的压力，是怎样的呢？如果它有一个形状，会像什么样子，会给你什么感觉，它什么时候会出现？通过把问题外化，可以让我们知道，自己有力量从卡住的情境中跳出，而不是一直陷在里面。

## 隐喻故事带来潜在的力量

很多人都喜欢听故事，在故事中，我们可以有很多想象力，在故事中，我们也容易因为其中隐含的象征或寓意，而改变自己的观念。好的隐喻，可以让我们一直记在心中，带给我们力量。当我们写自己的故事时，**可以练习用隐喻来看待自己的故事。故事中的隐喻，可以带来潜在的力量。**

比如，有人可能会写："我好像是苦海里的神龙，虽然成长的过程历尽沧桑，但我总可以见招拆招，克服一切挑战。我知道在未来的日子里，我会用自己的力量，让苦海变成喜乐的海，并且享受其中。"

"我像是一只笨重的水牛，每天拖着一大家子的担子，但我会用踏实的步伐，一步一个脚印，把这片田耕耘得很好，每天看着家人，看到他们满足的笑容，就是我最开心的事。"

找到自己故事的象征隐喻，**谱写成一个能带来力量的故事**，你会看见故事的影响力。

再举一个我自己帮朋友用隐喻的例子。还记得以前在上 NLP 专业执行师的课程中，有一个练习是要将隐喻运用在催眠中。当时和我一起练习的伙伴，也是在业界很资深的一位讲师。他分享说希望在当年和来年，能有更好的发展，也希望能带自己的学生们，一起去开创新的市场。

于是我设计了一段关于一位盖世大侠、功夫大师的隐喻，内容大致是：“很久以前，有一位大侠，他很喜欢行侠仗义，到处帮助需要帮忙的人。经过多年在江湖上行走，他练就了一套高强的武功，身边也跟着许多弟子。他非常有使命感，也希望能帮助弟子们开枝散叶，并帮助更多的人。而在这个过程中，他也很幸运地遇到很多贵人的帮忙，有很多的机会可以发展……”

我将这样的隐喻故事放在催眠的过程中，给予他正向的引导。不到 24 小时，他就传短信给我，跟我说：“太神奇了！”原来，有一位之前的客户打电话给他，邀请他去开课；同时又有另外一个单位，要他和他的学生一起开一系列的课程。

听到这样的分享，当时我也是深深感受到，如果隐喻运用得好，的确是很有力量的。之后这样的例子也是不胜枚举。当然不是说这有多么神奇，而是，这的确是一种可以帮助自己的方式，大家姑且试试，若有什么心得，欢迎与我分享，我也可以和大家一起探讨其中的奥妙。

# 第五节
# 专注在“你现在在做什么”的现实治疗学派

在我们的生活中，常常会有一些朋友、家人或同事，明知道理性处理事情就能妥善解决问题，但还是很容易陷入情绪之中；明知道下一步该做什么，却始终无法展开行动，一拖再拖。也有很多人有着丰富的想象力，却缺乏具体执行和落实的能力；很多人时常抱怨同事、抱怨公司、抱怨家人，抱怨身边的一切。

当然，真实世界里肯定有很多的原因会干扰我们的效率和表现，也会干扰我们的心情，不管是内在或外在因素。**如何与这些干扰共处，不受其影响，或帮助身边的朋友专注于达成自己的目标、专注在当下自己能把握的部分，现实治疗学派**的一些理念与方法就是相当好用的工具。

如同现实治疗学派的创始人威廉·格拉塞（William Glasser）所说：“大部分人所遇到的困扰，并非心理疾病，只是**一时的适应困难**，若是能通过现实治疗技术，足够解决大部分的问题。”

接下来介绍的这些步骤和问句，都可以用来帮助和询问你所关心的人，也可以拿来询问自己，只要把主语改一下即可。职场上也可以用在上司对下属进行组织内部教练，或组织内 HR 运用在协助员工有更好的表现上。总之，就是**帮助对方（或自己）排除干扰，专注于达成自己想要的目标**。

## 步骤一：先当他的朋友

**在咨询或教练等助人专业上，建立彼此信任、温暖与支持的互动关系，当对方的朋友，是最重要的一件事**。没有人愿意被指责、被教导，只愿意被陪伴、被支持。若彼此能有像朋友般建立信任基础，在接下来的过程中，当你需要挑战对方，协助他们突破困境时，才有可能被对方接受，后续的改变也才有可能发生。

和当事人做朋友，是一种**温暖的陪伴**。如果你曾经失恋过，或曾经经历沮丧与挫折，你一定能体会，在当时若有一位支持你的好友或家人，在你身边听你诉说心情、陪你哭、心疼你、为你打气，是多么温暖的一件事。

提醒所有热心想要帮助身边朋友的人，当一个人的心情没有得到适当的疏解，旁边的人再关心、说得再多，他还是会听不进去的。当然，陪伴并不是无限制地让对方停留在抱怨与自怜自艾的状态，而是要**呼应对方的心情**。若对方的心情得到抒发，也感受到你的陪伴，接着就可以从理性层面来探讨一些细节。

## 步骤二：专注在当事人的日常活动（或工作流程）中

问他们：**"现在都做了些什么？""到目前为止，都采取了哪些行动？"**这样可以协助当事人**把注意力拉回行为层面**，让他们产生一种进行式的动态感，会比较动得起来。同时也要先大致了解当事人的现况，究竟他期望的情景是什么？最好的期待是什么？在哪些地方会卡住？之前有哪些成功经验？或之前有做过哪些事情是有帮助的？

在这里有个重点是，**改变行为比改变感觉容易些，而所有的行为，都是当事人可以控制的**，他可以选择在什么时候，该怎么去做。这一切都是当事人的自由意志可以选择的。

现实治疗学派会专注**"现在的行为"，不问感觉**（除非那个感觉强烈到会干扰现在的行为），协助当事人认真面对自己所选择的生活（工作）方式，所有的一切决定或选择，都是自己做的，所以得由自己来负责。

## 步骤三：让当事人检视“现在所做的事，对自己是否有帮助”

要注意这时的语气并不是要指责当事人，而是**通过问出好的问题，让对方自己回答出关键点**。

很多时候因为觉得工作或生活遇到阻碍，我们会陷入自己的感觉中，鞭打自己、指责自己、感到愧疚，因而觉得很难受、很沮丧、很无力。在这种时候，与其停留在感受中太久，不如将注意力放在“行为”上。

问当事人“现在你在做的，对你（完成目标）有帮助吗？”或“刚刚你说了那么多，对于现况改变有帮助吗？”当对方在思考时，可以接着问，**“那可以做些什么让现状变得不一样呢？”**这样的问句，能让当事人真正静下来思考。

我们还是可以听听自己的心声（跟自己对话），也可以听朋友大吐苦水，但一段时间后就要开始将注意力转换到自己或他们正在做的事情上。与其抱怨心情不好懒得动，不如去想“现在能做什么让心情好一点？”这样会把责任拉回到自己身上，通过行动来改变。

## 步骤四：订立一个可以执行得更好的行动计划，并承诺执行

既然这是一个以行动来带动整个人充分发挥力量的派别，势必得订立出具体、可以有效执行、评估和改进修正的行动计划。在不同派别中，有的人会坚持，计划必须完全由当事人自己制订，教练或助人工作者不能给建议。然而在现实治疗中，通常认为不管行动计划最初的想法或改进是怎么完成的，只要经过充

分讨论、当事人也愿意去执行这个他相信会有帮助的方案，那就是好方案。

订立计划要注意什么呢？在我平常为企业进行内部员工训练的课堂上，我发现不少人对于该怎么订目标、订计划，还是很模糊。在我平常进行教练实务时，会利用下列两个方法来帮助当事人设定目标。这两个方法可以分别用**“HARD”**和**“SMART”**来涵盖。

| HARD | 内容 |
|---|---|
| Heartfelt（内心渴望） | 找到内心真正要完成的这个目标，对自己的意义是什么。 |
| Animated（生动描绘） | 让自己的脑海中浮现完成之后的生动画面，以及过程中的感觉。 |
| Required（急迫感） | 让自己随时可以被提醒、把大目标变成小目标来执行。 |
| Difficult（挑战） | 要有合理但是高难度的挑战。 |

- **Heartfelt（内心渴望）：**

找到这件事情（目标）对自己内心深处的真正意义。有的人在用理性意识思考时的答案或目标，跟他内心潜意识深处的目标其实是不同的。所以若是无法真正静下来，聆听内在和潜意识的声音，就会发生明明订了目标，但内心动力还是不足、还是容易矛盾的情形，自然不容易达成目标。

- **Animated（生动描绘）：**

让自己在脑海中浮现出画面，这会运用到次感元的技巧。简单而言，就是让自己好像身临其境般，看到、听到、闻到那些场景，感受到对话与互动。通过练习，我们会越来越熟悉该如何在脑海中生动地描绘。

- **Required（急迫感）：**

一般人很容易会有拖延的借口，所以让自己产生“非赶快完成不可”的急迫感，是相当重要的。包括让目标随时可以看见（梦想板、行事历、绩效统计表、便利贴等）、勇于和人分享（找到组织内或组织外可以支持你的资源)、**将大目标化为小目标。这样就会有马上可以完成的感觉**。

- Difficult(**挑战**):

其实人在潜意识里都希望通过挑战来证明自己，所以在设定目标时，要让自己制定合理、但会让心底沸腾的目标，这样在实践的过程中，才会有痛快的激励感。

| SMART | 注意重点 |
|---|---|
| Specific(**明确的**) | 务必列出清楚的计划内容，不要只是在脑海中想。 |
| Measurable(**可衡量的**) | 最好能用具体数字，如达到 20% 增长、创造多少月营收、体重要维持在多少，都要用数值来清楚定义目标。 |
| Aggressive(**有挑战性的**) | 不要只是玩安全的游戏，而要有能让内心振奋的难度。 |
| Realistic(**合理的**) | 除了自己评估，也可找身边你信得过且经验足够多的人帮你一起评估，看看这样是否合理。 |
| Time bound(**有时限的**) | 时间线一定要订立出来，才能具体地检查进度。 |

SMART 也是很经典的目标衡量方法，但我发现在实务操作时，很多人不一定能熟悉地运用。就像之前提到的，人们的行为模式是由想法、感觉、行动来互相影响的。很失意的人，有一部分的难过可能来自行为上“没有达成预定目标”，一部分来自对自己的想法很负面(我糟透了、全天下没有人像我一样失败)，一部分来自“感觉”(失落、难过)。在本书的不同章节中，相信大家会找到关于应对这几部分的一些有效做法。

我们要帮助当事人看到，**只要现在开始做一些不一样的行动，结果就会慢慢地改变**。让当事人敢于承诺“会为自己的行动，全力以赴”，承诺会带来也要向别人负责的深层意义，产生一个新的联结。**请记得，持续的行动会带来力量**!

## 步骤五：持续改进，不要借口、不用惩罚、绝不放弃

在完成目标的过程中，要记得我们**“不是为了别人，而是为了自己”**。所以不需要有借口，也不需要惩罚自己或被人惩罚。对于过程中的得失，就抱持乐观态度，再慢慢地修正。相信只要能专注在行动，不断问自己：**“我（你）正在做些什么呢？”“还能做什么有助于改善？”“有什么是现在可以做的？”“下一步的行动是什么？”**持之以恒，就能有所改变。

**自我成长练习**

### 现实学派问句参考

1. 到目前为止，都采取了哪些行动？
2. 到目前为止，都做了些什么？
3. 现在你在做的事情，对你自己（完成目标）有帮助吗？
4. 刚刚你说了那么多，对于改变现状有帮助吗？
5. 可以做些什么让现状不一样呢？
6. 下一步的行动和计划是什么？
7. 具体一点还有什么可以做的？
8. 有多少把握能做到呢？从 1~10 中给一个数字。
9. 还有什么有助于改善呢？

# 第六节
# 从“你想要的未来”找到解决之道

相信大家都很了解，在我们平常的生活和工作中，会遇到很多问题。我们通常都会试着努力了解问题背后的原因是什么，然后想出解决办法。这是我们一般人在物理世界中，很自然的反应。比如说家里排水管突然塞住了，我们一定会想办法找出原因，通常找出原因，大概就可以解决，该换管子、该把水管通一通，都很清楚；电脑死机，自然得不断测试找出究竟是软件还是硬件有状况，才知道是要换掉硬件或重装软件。

只是，在人的世界里，找出造成问题的原因并不一定就能解决问题。比如，明知道要准时上班，但还是会迟到。即使知道原因是因为个人习惯，有的人还是没办法马上像换水管一样，就把习惯改掉，还是得去想该用什么方法才能改掉习惯，至于养成这个习惯的原因，就不一定需要第一时间找出来。

看到学生逃课、离家出走，努力了解分析后，发现跟他幼时家庭不和有关，可是知道原因跟家庭有关，却还是没有办法立刻解决，还得再想解决之道。身边有些人有情绪困扰，追根究底分析，也许可以找出不少可能的影响原因，然后还是得想该怎么解决。

所以，**对于人身上的问题，有时候知道原因，不代表就一定能有效解决**。反而不如先对焦于如何解决问题，在解决问题的过程中，自然会探讨引起的原因。换句话说，**找到原因只是过程，重要的是解决问题**。如果不需要知道原因就能解决问题，那就不用一直探究原因。比如，要改变迟到的习惯，只要能找出解决的方法，当初为什么会养成就不一定重要了。

## 你想要什么样的未来，会带来行动的动力

在这一节要介绍的是**焦点解决（solution-focused）取向学派**的内涵与运用。这个学派的发展过程，是因为一群助人工作者发现，如果和当事人在讨论问题时，能多花一点时间专注和放大讨论他**想要什么样的未来**，并且开始行动，便能让生活产生改变，会比一直专注讨论要找出造成问题的原因更有效。**即便不一定了解原因，但如果能找到“解决的方法（solution）”，往往就能有显著的改变**。在探讨未来怎么做可以更好、可以达到想要的目标时，通过询问相关的问句，可以引导当事人自己找出解决方法。

有别于早期传统心理学治疗和助人领域所关注的，要花费很长的时间和很多费用去做精神分析，不断去分析、探究、挖掘过去历史中造成现在问题的原因，可是治疗时间拖很长（动辄数年以上），又无法马上看到效果（很多西方电影里，诊疗室里的躺椅常常是被嘲讽揶揄的对象）。耗时长久是传统心理治疗让人诟病的地方，也因此延伸出很多短期治疗的学派，而焦点解决就是其中一个广为人知的派别。

当时代演变，大家开始需要一种比较短期的，而且能马上看到生活和工作上成效的做法，于是，焦点解决取向就被发展出来，带我们认识**“另外一种看问题的角度”**，把注意力放在“如何解决”，而不是探究“为什么”。

焦点解决学派相信每个人自己都拥有足够的资源，可以找出最好的方法，来实现与完成（解决）自己对未来期待的蓝图。所以在进行的过程中，会将注意力放在**“你希望生活中发生什么变化？”“什么目标是你想要的？”“当目标达到了，你会怎样？”**然后再找到达成目标的策略。他所强调的重点是**“当事人做对了什**

**么？什么又是有帮助的？过去有哪些行为是行得通的？有哪些行为是很不错的？”**

## 焦点解决的观念和方法

**1. 原因和结果有时很难认定**

很多时候，事情的原因很难认定清楚。比如，下面一些常见情况：

- **单位绩效不好，是因为主管不善于管理，导致下属分工执行不力？还是因为下属能力不佳，导致主管难以发挥？是因为公司组织文化不良，造成员工散漫不求表现？还是因为员工素质差，使得士气难以提振？**
- **夫妻关系不好，是因为老婆常挑剔，还是因为老公常忽略老婆，所以导致老婆挑剔？**

在这些例子中，因果关系很难被认定出来。**与其找出原因，不如将重心放在“可以做什么，让问题不会继续？”**这一点和前一篇的现实治疗是相似的。

**2. 问题背后有时隐藏了正向期待**

很多时候我们只看到问题的表面现象，却忽略了背后更深层的含义。

- **小孩打架滋事，有时是因为只有这样，离婚的父母才会同时出现，孩子期待父母有机会复合。**

  **→ 如何让孩子学习用更好的方法来取代原本的方式？**
- **老公加班晚回家，老婆给脸色看，有时是因为老婆期待得到更多的陪伴，却忽略了应该正向沟通，而不是以发脾气当情绪出口。**

  **→ 该怎么在老公加班回来时，让他感受到对他的支持，且表达自己需要陪伴的需求呢？**

问题本身不是问题，关键是回应的解决方法不适合。所以需要发展出一系列适当的解决方法。比如问**“你希望（之后或未来）可以怎么改变呢？”**将注意力拉回到**正向解决和未来期待**。可以带来前进的动力。

**3. 每个人都是自己问题的专家，从正向角度出发**

焦点解决相信每个人都有足够资源改变现状，而**改变会发生在一个人自我价值较高的时候**。所以会强调要**看见当事人的优点和可能性，找出成功经验来支持改变，而不是去看当事人的局限或挫折**。

如果**不断被挑剔，只会让关系更紧绷**，让你要沟通的对象开始**退缩或抗拒**，不会帮助结果改善。所以要找出当初曾经有过的成功经验中，拥有强烈改变动机的原因。我们对问题的态度应该是：**出了问题，是好事，正是改变的开始**。因为我们开始正视问题，才有可能化危机为转机。

比如，**如果父母一直嫌弃小孩哪里做不好**、百般要求与挑剔，对小孩子来说，长期下来，**他的脑海会不断被灌输和暗示**：“你怎么那么糟？什么都做不好，又不爱干净、东西又乱丢、不负责任。”人的大脑就像电脑的记忆体，如果不断被植入这样的程式，长久累积下来，较胆怯内向的孩子，就会变得消极退缩，而叛逆外向的孩子，就会开始反抗、攻击，要捍卫自己的权利。

组织中也是一样，遇到挑剔批判的内部文化，员工要不就默默忍受、不求有功只求无过，要不就意见很多、防卫攻击，最后大不了拍拍屁股走人。

所以，当我们面对问题时，第一个要先从建立**“看待发生的问题，是一个可以改变的机会”**这样的心态开始。

**4. 凡事都有例外，转机就在例外中**

一般来说，在我们的经验中，总是能找到例外的情况。**当事情卡住了，找到什么时候会有例外发生的情境，就很重要**。比如，爱迟到的人，有没有什么时候是不迟到的？总会有不迟到的日子，深入讨论那些不迟到的时候，都发生了什么事让他可以不迟到。既然他可以有时候不迟到，表示这是他可以选择和改变的。

没出现问题的时候，一定是因为有一些好的行为或动机，才会产生好结果。把没发生问题（例外情境）时的原因找到，就可以加强并增加例外发生的次数。对有些人来说，要突然开始很大的改变，可能会产生不安全感或觉得有风险，所以可以让改变循序渐进地发生。

**5. 找出有效行为，继续多做**

**聚焦在“你想要什么”**，而非“你不要什么、你讨厌什么”。抱怨只会让人停留在挫折和无奈中，消耗彼此的能量。知道想要什么之后，找出已经做过的有效行为，鼓励当事人持续多做。如果尝试过但无效的行为，就停止再做。所以，当现状卡住了，就**多尝试一些不一样的行动**吧！当我们尝试足够多的可能会有帮助的行为后，真正能帮助解决问题的行为，自然就会浮现出来。

焦点解决鼓励小的改变，只要是有效的行为，不论大还是小，就是持续做。这句话是我上课时送给大家的：**“每天都有小改变，累积小变成大变。”**我们要肯定、赞赏与协助当事者看到自己所创造的小改变，让他能持续促进小改变发生。而当这个人有了小改变，就会影响到他在生活和工作上相关人事物的联动改变，整个“周边系统”也会跟着有些变化。

所以，为什么有时候我们会在团体中布置桩脚？就是因为只要在一整群人中，有人开始有些变化，他的态度、情绪、感觉和行为，都会影响周围的人，然后改变就会开始在这个团体中发生。不管是家庭中、组织单位中、朋友或社群中，都是如此。

那么，该如何让对方开始有些小改变呢？你可以问他：**“如果今天可以做一个小改变，是对这个情况有帮助的，那会是什么？”**让对方自己去找出可以改变的小地方，就从那一小步开始行动。

## 焦点解决式目标设定

通过“焦点解决式目标设定”，协助当事人设定正向、具体、感兴趣且适合的目标。可通过下列问题进行提问：

- **如果你可以立刻做一些改变，而且是对你而言最有帮助的改变，那会是什么？**
- **你最关心的事情是什么？**
- **你最希望达到的目标是什么？**
- **如果这些希望实现了，生活会变成什么样子？**
- **哪些已经在做或是过去做过的事，有助于达成这个目标？**
- **怎么知道自己已经开始迈向成功的一小步？**
- **当你朝着目标前进时，现在可以立刻做的是什么事？**

## 运用魔法般的奇迹问句，跳脱局限，开创可能

在工作和生活中，当我们会觉得被问题卡住时，往往已经尝试过很多方法却仍然无法解决。既定环境中的人、事、物，早已把我们局限住，让我们动弹不得。这时候可以用**“假设已经解决时会怎么样”**，来找出可能有用的发展方向。

比如，新来的主管给太多工作，让部属得每天加班，没办法照顾到家庭。尝试了很多方法，还是不容易提早下班。这时可以问那位部属：“如果有一种神奇魔法，让你可以在比较多的日子里，早点下班，你觉得可能会发生什么

情况？”因为是魔法，所以原本有些环境中限制住我们的人、事、物，会先被排除，比较可能去想象可以发生些什么，然后再回来看怎么做。当可能性增多时，解决的办法就隐藏在其中了，这就是所谓的奇迹问句。奇迹问句有很多类型，举出几种特别有效的作为参考。

**1. 标准版奇迹问句：**

这是最常使用的形式：**“假如有奇迹发生，你期望的会是什么？”“如果有一种魔法，可以让你的愿望实现，那会是什么样子？”**让当事人试着具体描述看到的画面、情境、感受。比如，和他人互动时的变化、和家人或朋友相处时的变化、环境的转变、心态的转变等。这些都会在当事人心中塑造出各种丰富的可能性图像，是他原本不敢去想，或觉得不可能达到的。

**2. 明日的奇迹问句：**

有时候因为现实太沉重，要想象最后的成果是奇迹，与现况差距太大，当事人可能不容易想象。那就先**限定一个小范围**开始发生奇迹。比如，**“如果今晚有奇迹发生，虽然没有办法完全解决，但是生活开始有一点变化，你觉得明天会注意到什么地方开始有些不一样，让你知道改变已经开始？”**让当事人想象因为有奇迹，所以可能会有一点点不同，那会是什么？

**3. 为了彼此好的奇迹问句：**

有时候当事人的问题，是两个人之间的关系，不能让当事人只是一味地期待对方改变，而是要照顾到两者的角度，改变才有可能发生。所以可以用：**“想象今晚有奇迹发生，对你和配偶都会是很棒的变化，那是什么？你会注意到什么已经开始改变？”**这样才能兼顾到双方的需求，而不是只有单方片面地期待。在冲突的关系中，尤其重要。

在这边要注意的是，运用奇迹问句时，要尽可能让当事人仔细描述具体的生活状况，包含视觉化、听觉化、触觉化等次感元的想象，这样能强化和加深“未来可能性”对当事人的影响。这也是心想事成自我预言的一种应用。

心理学涵盖的范围很广，也在随着时代的发展而变化。希望每位读者，都能从中得到启发，在生活中妥善运用。祝福大家都能通过心理学，“幸福·快乐·向前走”！

北京市版权局著作权合同登记号　图字：01-2017-0783

本书由我识出版社有限公司通过北京凯琳国际版权代理，授权中国法制出版社在中国大陆地区以简体字出版发行

我的第一本图解心理学，洪震宇著，2015年，初版，

ISBN：9789865785598

**图书在版编目（CIP）数据**

我的第一本图解心理学 / 洪震宇著. —北京：中国法制出版社，2019.11

ISBN 978-7-5216-0468-9

Ⅰ.①我…　Ⅱ.①洪…　Ⅲ.①心理学—图解　Ⅳ.① B84-64

中国版本图书馆 CIP 数据核字（2019）第185116号

策划编辑：李　佳（amberlee2014@126.com）

责任编辑：孙璐璐（cindysun321@126.com）　　封面设计：汪要军

**我的第一本图解心理学**

WO DE DI-YI BEN TUJIE XINLIXUE

著者 / 洪震宇

经销 / 新华书店

印刷 / 河北鑫兆源印刷有限公司

开本 / 710 毫米 × 1000 毫米　16 开　　印张 / 16　字数 / 202 千

版次 / 2019 年 11 月第 1 版　　2019 年 11 月第 1 次印刷

中国法制出版社出版

书号 ISBN 978-7-5216-0468-9　　定价：56.00 元

北京西单横二条 2 号　邮政编码 100031　　传真：010-66031119

**网址：http://www.zgfzs.com**　　**编辑部电话：010-66038703**

**市场营销部电话：010-66033393**　　**邮购部电话：010-66033288**

（如有印装质量问题，请与本社印务部联系调换。电话：010-66032926）